高等职业教育会计专业富媒体智能型
工学结合系列教材

Enterprise
Financial Accounting
Exercise and Training

企业财务会计
习题与实训

郑红梅 主　编
赵爱萍 副主编

东北财经大学出版社
Dongbei University of Finance & Economics Press

大连

图书在版编目（CIP）数据

企业财务会计习题与实训/郑红梅主编．—大连：东北财经大学出版社，
2017.4

（高等职业教育会计专业富媒体智能型·工学结合系列教材）

ISBN 978-7-5654-2715-2

Ⅰ.企…　Ⅱ.郑…　Ⅲ.企业管理–财务会计–高等职业教育–习题集

Ⅳ.F275.2-44

中国版本图书馆CIP数据核字（2017）第036832号

东北财经大学出版社出版

（大连市黑石礁尖山街217号　邮政编码　116025）

网　　址：http://www.dufep.cn

读者信箱：dufep@dufe.edu.cn

大连新兰德印刷有限公司印刷　　东北财经大学出版社发行

幅面尺寸：185mm×260mm　字数：249千字　印张：13.75　插页：1

2017年4月第1版　　　　　　　2017年4月第1次印刷

责任编辑：王天华　周　慧　　　　责任校对：禾　慧

封面设计：冀贵收　　　　　　　　版式设计：钟福建

定价：24.00元

教学支持　售后服务　　联系电话：（0411）84710309

版权所有　侵权必究　　举报电话：（0411）84710523

如有印装质量问题，请联系营销部：（0411）84710711

前　言

　　为了便于教师教学和学生学习，我们编写了《企业财务会计习题与实训》作为《企业财务会计》的配套用书。本书根据主教材的教学目标、教学重点和难点，兼顾全国会计专业技术资格考试的要求，与每个任务同步，设计了判断题、单项选择题、多项选择题或不定项选择题等，每个项目均精心编制了与企业会计实践高度一致的主要经济业务项目综合训练，让学生在"做中学""学中做"中进一步掌握所学的会计专业理论知识和专业技能，并提高学生的实际操作能力。

　　《企业财务会计习题与实训》可供高职院校财经类专业学生学习使用，也可作为企业财会人员、管理人员及参加初级会计师考试人员的培训和自学用书。

　　感谢您选用本书，希望本书能给您带来有益的帮助，也希望您在使用本书后提出合理的建议，我们由衷地感谢您。

编　者

2017 年 1 月

目　录

项目一　财务会计概念框架和会计准则体系认知

任务 1　财务会计概念框架认知

一、判断题（正确的打"√"，错误的打"×"）

1.会计主体与法律主体不完全对等，法律主体可作为会计主体，但会计主体不一定是法律主体。（　　）

2.会计核算以人民币为记账本位币。业务收支以外币为主的企业，也可选择某种外币作为记账本位币，但编报的财务会计报告应当折算为人民币反映。（　　）

3.权责发生制以实质上取得现金的权利或支付现金的责任的发生为标志来确认本期收入和费用及债权和债务。（　　）

4.客观性信息质量要求企业应当以实际发生的交易或者事项为依据进行会计确认、计量和报告。（　　）

5.可比性信息质量要求强调企业一旦选定某种会计处理方法处理经济业务，以后会计期间不得变更。（　　）

6.融资租入固定资产视同承租方的资产进行管理和核算遵循了实质重于形式的信息质量要求。（　　）

7.重要性信息质量要求企业在会计确认、计量过程中对交易或事项应当区别其重要程度，采用不同的核算方法。（　　）

8.谨慎性信息质量要求企业对可能发生的损失和费用应当合理预计，对可能实现的收益不预计。（　　）

9.某一会计事项是否具有重要性，在很大程度上取决于会计人员的职业判断。对于某一会计事项，在某一企业具有重要性，在另一企业则不一定具有重要性。（　　）

10.不同企业同一时期发生的相同或者类似的交易或者事项，应当采用规定的会计政策，体现了会计核算的可比性信息质量原则。（　　）

11.可理解性信息质量要求企业提供的会计信息应当与财务会计报告使用者的经济决策需要相关，有助于财务会计报告使用者对企业过去和现在的情况做出评价，对未来的情况做出预测。（　　）

12.符合资产定义和资产确认条件的项目，应当列入资产负债表；符合资产定义、但不符合资产确认条件的项目，不应当列入资产负债表。（　　）

13.企业对其所使用的机器设备、厂房等固定资产，只有在持续经营的前提下才可以在其使用年限内，采用一定的方法计提折旧。（　　）

14.所有者权益是指企业资产扣除负债后由所有者享有的剩余权益。（　　）

15.收入是指企业在经营活动中形成的、会导致所有者权益增加的、与所有者投入资本无关的经济利益的总流入。（　　）

16.利得是指由企业非日常活动所形成的、会导致所有者权益增加的、与所有者投入资本无关的经济利益的流入，利得不应计入当期损益。（　　）

17.收入不仅包括主营业务收入和其他业务收入，还包括营业外收入。（　　）

18.费用和损失是指企业在日常活动中发生的、会导致所有者权益减少的、与向所有者分配利润无关的经济利益的总流出。　　　　　　　　　　　　　　　（　　）

19.财务会计报告的目标是向财务会计报告使用者提供与企业财务状况、经营成果和现金流量等有关的会计信息，反映企业管理层受托责任的履行情况，有助于财务会计报告使用者做出经济决策。　　　　　　　　　　　　　　　　　　　　　　　　（　　）

20.如果某项资产不能再为企业带来经济利益，即使是由企业拥有或者控制的，也不能作为企业的资产在资产负债表中列示。　　　　　　　　　　　　　　　（　　）

二、不定项选择题（每题至少有一个正确答案，请将正确答案填在括号内）

1.使会计核算产生权责发生制和收付实现制两种会计核算基础的会计假设是（　　）。
　　A.会计主体假设　　　　　　　　　　B.持续经营假设
　　C.会计分期假设　　　　　　　　　　D.货币计量假设

2.下列对会计基本假设的表述中恰当的是（　　）。
　　A.会计主体确立了会计核算的空间范围
　　B.持续经营强调企业不会破产清算
　　C.会计分期使权责发生制和收付实现制成为必要
　　D.货币计量为会计核算提供了必要的手段

3.下列属于货币计量的内容有（　　）。
　　A.所有业务均可用货币表现　　　　　B.货币价值不变
　　C.所有资产均可看得见　　　　　　　D.计量必须使用人民币

4.以收付实现制为核算基础，下列各项不属于本期收入或费用的是（　　）。
　　A.本期支付下期的房租　　　　　　　B.本期预收的款项
　　C.本期预付的款项　　　　　　　　　D.本期采购设备尚未支付的款项

5.某企业2016年12月份发生下列支出：（1）年初支付本年度保险费2 400元，本月摊销200元；（2）支付下年第一季度房屋租金3 000元；（3）支付本月办公开支800元。按照权责发生制要求，本月费用为（　　）元。
　　A.1 000　　　　　B.800　　　　　　C.3 200　　　　　D.3 000

6.企业提供的会计信息应当反映与企业财务状况、经营成果和现金流量等有关的所有重要交易或者事项，所遵循的是会计信息质量要求中的（　　）原则。
　　A.重要性　　　　　　　　　　　　　B.实质重于形式
　　C.谨慎性　　　　　　　　　　　　　D.及时性

7.企业对交易或者事项进行会计确认、计量和报告应当保持应有的谨慎，不应高估资产或者收益、低估负债或者费用，所遵循的是会计信息质量要求中的（　　）原则。
　　A.重要性　　　　　　　　　　　　　B.实质重于形式
　　C.谨慎性　　　　　　　　　　　　　D.及时性

8.企业对于已经发生的交易或者事项，应当及时进行会计确认、计量和报告，不得提前或者延后，所反映的是会计信息质量要求中的（　　）原则。
　　A.重要性　　　　　　　　　　　　　B.实质重于形式
　　C.谨慎性　　　　　　　　　　　　　D.及时性

9.销售商品的售后回购，如果没有满足收入确认的条件，企业在会计核算上不应将其确认为收入。这一做法所遵循的会计信息质量要求是（　　）。

    A.实质重于形式　　　　　　　　　　B.可比性

    C.可靠性　　　　　　　　　　　　　　D.及时性

10.会计信息的客观性要求是（　　）。

    A.企业应当以实际发生的交易或者事项为依据进行会计确认、计量和报告

    B.如实反映符合确认和计量要求的各项会计要素及其他相关信息

    C.保证会计信息真实可靠、内容完整

    D.企业提供的会计信息应当清晰明了，便于财务会计报告使用者理解和使用

11.会计信息的可比性要求是（　　）。

    A.企业提供的会计信息应当明晰，便于理解

    B.同一企业不同时期发生的相同或者相似的交易或者事项，应当采用一致的会计政策，不得随意变更

    C.不同企业发生的相同或者相似的交易或者事项，应当采用统一规定的会计政策，确保会计信息的计算口径一致、相互可比

    D.企业对于已经发生的交易或者事项，应当及时进行会计确认、计量和报告，不得提前或者延后

12.下列各项中，属于反映会计信息质量要求的有（　　）。

    A.会计核算应当及时进行

    B.会计核算应当注重交易或事项的实质

    C.会计核算应当以实际发生的交易或事项为依据

    D.会计核算应当以权责发生制为基础

13.关于资产，下列说法中正确的有（　　）。

    A.企业过去的交易或者事项包括购买、生产、建造行为或其他交易或者事项

    B.由企业拥有或者控制，是指企业享有某项资源的所有权，或者虽然不享有某项资源的所有权，但该资源能被企业所控制

    C.符合资产定义和资产确认条件的项目，应当列入资产负债表；符合资产定义、但不符合资产确认条件的项目，不应当列入资产负债表

    D.预期在未来发生的交易或者事项形成的资源也是企业的资产

14.下列项目中，符合资产定义的是（　　）。

    A.购入的某项专利权　　　　　　　　B.经营租出的设备

    C.待处理的财产损失　　　　　　　　D.计划购买的某项设备

15.关于负债，下列说法中正确的有（　　）。

    A.负债是指企业过去的交易或者事项形成的、预期会导致经济利益流出企业的现时义务和潜在义务

    B.符合负债定义和负债确认条件的项目，应当列入资产负债表；符合负债定义，但不符合负债确认条件的项目，不应当列入资产负债表

    C.现时义务是指企业在现行条件下已承担的义务

    D.未来发生的交易或者事项形成的义务，不属于现时义务，不应当确认为负债

16.下列项目中，使负债增加的是（　　　）。

A.发行公司债券　　　　　　　　B.用银行存款购买公司债券

C.发行股票　　　　　　　　　　D.支付现金股利

17.下列项目中，能同时影响资产和负债的是（　　　）。

A.接受投资者投入设备　　　　　B.支付现金股利

C.收回应收账款　　　　　　　　D.支付股票股利

18.下列事项中，可以引起所有者权益减少的是（　　　）。

A.企业发生经营亏损　　　　　　B.用盈余公积弥补亏损

C.企业减少注册资金　　　　　　D.宣布发放股票股利

19.下列属于企业财务会计报告内容的有（　　　）。

A.资产负债表　　　　　　　　　B.所有者权益变动表

C.会计报表附注　　　　　　　　D.有关企业的其他重要信息

20.根据我国《企业会计准则》的规定，会计期间分为（　　　）。

A.月度　　　　　　B.季度　　　　　　C.半年度　　　　　　D.年度

任务 2　会计准则体系认知

一、判断题（正确的打"√"，错误的打"×"）

1.基本准则包括以下内容：财务会计报告目标、会计基本假设、会计基础、会计信息质量要求、会计要素分类及其确认和计量原则、财务会计报告。　　　　　　（　　　）

2.具体准则是企业进行会计核算工作必须遵守的基本要求，是企业会计准则体系的概念基础，是制定基本准则、会计准则应用指南、会计准则解释的依据，也是解决新的会计问题的指南。　　　　　　（　　　）

3.会计准则应用指南是根据基本准则、具体准则制定的，用以指导会计实务的操作性指南，是对具体准则相关条款的细化和对有关重点难点问题提供操作性规定，它还包括会计科目、主要账务处理、财务报表及其格式等，为企业执行会计准则提供操作性规范。

（　　　）

4.《小企业会计准则》适用于设立在中华人民共和国境内的所有小企业。　　（　　　）

5.《事业单位会计准则》要求事业单位的会计报表至少应包括资产负债、利润表和现金流量表。　　　　　　（　　　）

二、不定项选择题（每题至少有一个正确答案，请将正确答案填在括号内）

1.我国的企业会计准则体系包括（　　　）。

A.基本准则　　　　B.具体准则　　　　C.应用指南　　　　D.解释公告

2.下列各项中，属于基本准则内容的有（　　　）。

A.财务会计报告目标　　　　　　B.会计基本假设

C.会计基础　　　　　　　　　　D.会计信息质量要求

3.下列关于会计准则的构成的表述中，错误的是（　　　）。

    A.会计准则是反映经济活动、确认产权关系、规范收益分配的会计技术标准

    B.会计准则并不是生成和提供会计信息的依据

    C.会计准则是政府调控经济活动、规范经济秩序和开展国际经济交往等的重要手段

    D.我国已颁布的会计准则有《企业会计准则》、《小企业会计准则》和《事业单位会计准则》

4.下列各项中，主要针对企业准则实施过程中遇到的问题做出的相关解释的是（　　　）。

    A.基本准则   B.具体准则

    C.会计准则应用指南   D.企业会计准则解释

5.下列关于具体准则的表述中，正确的有（　　　）。

    A.具体准则分为一般业务准则、特殊业务准则和报告类准则

    B.一般业务准则是规范各类企业一般经济业务确认、计量的准则

    C.特殊业务准则可以分为各行业共有的特殊业务准则和特殊行业的特殊业务准则

    D.特殊行业的特殊业务准则适用于外币业务、租赁业务、资产减值业务等准则

项目综合训练

    银广夏公司全称为广夏（银川）实业股份有限公司，现证券简称为ST银广夏（000557）。1994年6月上市的银广夏公司，曾因其骄人的业绩和诱人的前景而被称为"中国第一蓝筹股"。2001年8月，《财经》杂志发表"银广夏陷阱"，银广夏虚构财务报表事件被曝光。

    专家意见认为，天津广夏出口德国诚信贸易公司（Fedelity Trading GmBH）的为"不可能的产量、不可能的价格、不可能的产品"。以天津广夏萃取设备的产能，即使通宵达旦运作，也生产不出所宣称的数量；天津广夏萃取产品出口价格高到近乎荒谬；对德出口合同中的某些产品，根本不能用二氧化碳超临界萃取设备提取。疑点主要有：

    （1）利润率高达46%（2000年），而深沪两市农业类、中草药类和葡萄酿酒类上市公司的利润率鲜有超过20%的。

    （2）如果天津广夏宣称的出口属实，按照我国税法，应办理几千万元的出口退税，但年报里根本找不到出口退税的项目。2000年公司工业生产性的收入形成毛利5.43亿元，按17%的税率计算，公司应当计交的增值税至少为9 231万元，但公司披露2000年年末应交增值税余额为负数，不但不欠，而且还没有抵扣完。

    （3）公司2000年销售收入与应收款项保持大体比例的同步增长，货币资金和应收款项合计与短期借款也保持大体比例的同步增长，考虑到公司当年销售及资金回笼并不理想，显然公司希望以巨额货币资金的囤积来显示销售及回款情况。

    （4）签下总金额达60亿元合同的德国诚信贸易公司只与银广夏单线联系，据称为一家百年老店，但事实上却是注册资本仅为10万马克的一家小型贸易公司。

（5）原材料购买批量很大，都是整数吨位，一次购买上千吨桂皮、生姜，整个厂区恐怕都盛不下，而库房、工艺不许外人察看。

（6）萃取技术高温高压高耗电，但水电费1999年仅20万元，2000年仅70万元。

（7）1998年及之前的财务资料全部神秘"消失"。

2002年5月中国证监会对银广夏的行政处罚决定书认定，公司自1998年至2001年期间累计虚增利润77 156.70万元，其中：1998年虚增1 776.10万元，由于主要控股子公司天津广夏1998年及之前年度的财务资料丢失，利润真实性无法确定；1999年虚增17 781.86万元，实际亏损5 003.20万元；2000年虚增56 704.74万元，实际亏损14 940.10万元；2001年1—6月虚增894万元，实际亏损2 557.10万元。从原料购进到生产、销售、出口等环节，公司伪造了全部单据，包括销售合同和发票、银行票据、海关出口报关单和所得税免税文件。

2001年9月后，因涉及银广夏利润造假案，深圳中天勤这家审计最多上市公司财务报表的会计师事务所实际上已经解体。财政部亦于9月初宣布，拟吊销签字注册会计师刘加荣、徐林文的注册会计师资格；吊销中天勤会计师事务所的执业资格，并会同证监会吊销其证券、期货相关业务许可证，同时，追究中天勤会计师事务所负责人的责任。

要求：

（1）银广夏事件涉及的利益相关者主要有哪些群体？

（2）银广夏事件违反了哪些会计信息质量要求？

项目二　货币资金的核算

任务 1 库存现金的核算

一、判断题（正确的打"√"，错误的打"×"）

1.库存现金，是指存放在企业财务部门、由主管会计经管的货币。　　　（　　）

2.现金清查是以实地盘点法核对库存现金实有数与账存数的。　　　（　　）

3.盘点时，现金出现溢余，可以在"其他应付款"账户的贷方反映，待日后短缺时抵扣。　　　（　　）

4.无法查明原因的现金短缺，根据管理权限批准后记入"营业外支出"账户。　（　　）

5.库存现金的清查包括出纳人员每日的清点核对和清查小组定期和不定期的清查。
　　　（　　）

二、不定项选择题（每题至少有一个正确答案，请将正确答案填在括号内）

1.下列可以用现金支付的是（　　　）。

A.购买办公用品250元　　　　　B.向个人收购农副产品20 000元

C.从某公司购入工业产品60 000元　　D.支付职工差旅费10 000元

2.张强报销差旅费3 200元，退回现金800元，结清原借款，该笔业务应计入管理费用的金额是（　　　）元。

A.3 200　　　　　B.800　　　　　C.4 000　　　　　D.2 400

3.现金清查发现现金短款时，应借记的账户是（　　　）。

A."其他应收款"　　　　　B."库存现金"

C."营业外支出"　　　　　D."待处理财产损溢"

4.下列行为中，不符合现金结算有关规定的有（　　　）。

A.用现金支付出差人员的差旅费

B.用现金支付向供销社采购的农副产品款

C.从基本存款账户支取现金发放职工工资

D.签发的支票金额超过企业的银行存款余额

5.经查明原因，转出应由出纳人员赔偿的现金短款200元，会计分录借方是（　　　）。

A."其他应收款"　　　　　B."待处理财产损溢"

C."应收账款"　　　　　D."库存现金"

三、核算与分析题

1.众诚公司为增值税一般纳税人，2017年2月份发生如下有关现金的经济业务：

（1）2月1日，采购员王强出差，预借差旅费3 000元，以现金支付。

（2）2月6日，开出现金支票一张，从银行提取现金6 000元备用。

（3）2月8日，购买管理部门的办公用品500元，以现金支付。

（4）2月10日，收到职工罚款300元。

（5）2月16日，王强出差归来报销差旅费2 600元，其余款项交回。

要求：根据上述经济业务编制相关的会计分录。

2.众诚公司在财产清查中发现如下问题：

（1）2016年6月28日进行财产清查时发现库存现金溢余200元。经过反复核查，上述库存现金长款无法查明原因。

（2）2016年7月25日在财产清查中发现，库存现金短缺1 000元。7月28日经核实，上述库存现金短缺中，600元应由出纳人员李兰赔偿，另外400元无法查明原因。7月31日收到上述出纳人员李兰的赔偿金600元。

要求：根据上述经济业务编制相关的会计分录。

任务 2　　　　　　　　　　银行存款的核算

一、判断题（正确的打"√"，错误的打"×"）

1.企业只允许在一家银行的一个分支机构开立一个基本存款账户。　　　　（　　）

2.企业不通过一般存款账户发放职工工资。　　　　　　　　　　　　　（　　）

3.对于银行已经入账而企业尚未入账的未达账项，企业应当根据"银行对账单"编制自制凭证予以入账。 （ ）

4.企业银行存款账面余额与银行对账单余额因未达账项存在差额时，应按照银行存款余额调节表调整银行存款日记账。 （ ）

5.对于银行已入账而企业尚未入账的未达账项，必须在收到银行的收、付款通知时，方可进行账务处理。 （ ）

二、不定项选择题（每题至少有一个正确答案，请将正确答案填在括号内）

1.银行存款日记账由（ ）登记。

　　A.会计负责人　　　　　　　　　　B.会计人员

　　C.出纳人员　　　　　　　　　　　D.业务经办人员

2.对于银行已经收款而企业尚未入账的未达账项，企业应做的处理错误的是（ ）。

　　A.以"银行对账单"为原始记录将该业务入账

　　B.根据"银行存款余额调节表"和"银行对账单"自制原始凭证入账

　　C.在编制"银行存款余额调节表"的同时入账

　　D.待有关结算凭证到达后入账

3.银行存款的总分类核算，应当根据（ ）逐笔或分别定期汇总登记。

　　A.银行存款收款凭证　　　　　　　B.银行存款付款凭证

　　C.银行存款转账凭证　　　　　　　D.有关库存现金付款凭证

4.银行存款日记账的核对，是指银行存款日记账（ ）。

　　A.与银行存款余额调节表的核对　　B.与银行存款收、付款凭证的核对

　　C.与银行存款总账的核对　　　　　D.与银行存款对账单的核对

5.下列业务中，不可以在一般存款账户办理的业务有（ ）。

　　A.现金缴存　　　　　　　　　　　B.现金支取

　　C.发放职工工资　　　　　　　　　D.借款归还

三、核算与分析题

1.众诚公司为增值税一般纳税人，增值税税率为17%。2016年2月份发生下列经济业务：

（1）2月8日，企业开出现金支票一张，从银行提取现金100 000元备发工资。

（2）2月11日，银行送来收款通知，A公司汇来前欠货款30 000元，银行已收妥。

（3）2月12日，企业销售产品收到销货款11 700元，存入银行。

（4）2月18日，企业收回应收账款30 000元，银行已入账。

（5）2月20日，企业行政部门支付电话费5 000元。

（6）2月25日，企业购入材料一批，支付材料款20 000元，增值税3 400元，合计23 400元。

（7）2月28日，企业以银行存款偿还原欠外单位货款10 000元。

要求：根据上述经济业务编制相关的会计分录。

2.众诚公司 2016 年 3 月 31 日在工商银行的银行存款余额为 256 000 元,银行对账单余额为 265 000 元,经查对有下列未达账项:

(1)企业于月末存入银行的转账支票 2 000 元,银行尚未入账。

(2)委托银行代收的销货款 12 000 元,银行已经收到并入账,但企业尚未收到银行收款通知。

(3)银行代付本月电话费 4 000 元,企业尚未收到银行付款通知。

(4)企业于月末开出转账支票 3 000 元,持票人尚未到银行办理转账手续。

要求:根据所给资料填制银行存款余额调节表。

任务 3

其他货币资金的核算

一、判断题（正确的打"√"，错误的打"×"）

1.其他货币资金是指企业除库存现金、银行存款以外的其他各种货币资金，包括支票、银行汇票存款、银行本票存款、商业汇票等。　　　　　　　　　　　　（　　）

2.其他货币资金可以存放在企业的基本存款账户之中，在会计上可以与银行存款一起进行核算与管理。　　　　　　　　　　　　　　　　　　　　　　　　　（　　）

3.其他货币资金必须按照国家的现金管理制度、银行结算办法及有关规定严格进行管理，同时还要设置专门的账户，单独进行核算。　　　　　　　　　　　　　（　　）

4."其他货币资金"账户要按照其他货币资金的种类设置明细账户进行核算。　（　　）

5.单位信用卡的资金只能从基本存款账户转入。　　　　　　　　　　　（　　）

二、不定项选择题（每题至少有一个正确答案，请将正确答案填在括号内）

1.下列各项中，属于其他货币资金核算内容的有（　　　）。

    A.银行汇票存款　　　　　　　　　　B.银行本票存款

    C.存出投资款　　　　　　　　　　　D.备用金

2.下列业务中，可以通过信用卡结算的有（　　　）。

    A.出差人员的住宿费　　　　　　　　B.企业招待客户的饭费

    C.购买 5 000 元的办公用品费　　　　D.购买 25 万元的设备

3.下列项目中，应确认为企业其他货币资金的有（　　　）。

    A.企业持有的 3 个月到期的债券

    B.企业为在证券交易所购买股票划出的资金

    C.企业汇往外地采购专户的资金

    D.企业向银行申请银行汇票时拨付的资金

4.企业以外埠存款 10 000 元购买电子设备一台，应贷记的账户和金额是（　　　）。

    A.固定资产 10 000　　　　　　　　　B.在建工程 10 000

    C.其他货币资金 10 000　　　　　　　D.银行存款 10 000

5.下列项目中，应在"其他货币资金"账户中核算的有（　　　）。

    A.购买材料申请取得信用证　　　　　B.销售商品收到支票

    C.收到商业承兑汇票　　　　　　　　D.签发商业承兑汇票

三、核算与分析题

1.众诚公司为增值税一般纳税人，增值税税率为17%。2016年3月份发生下列有关银行汇票的经济业务：

（1）5日，向开户银行申请办理银行汇票，公司开出汇票委托书并将款项 9 500 元交存银行取得银行汇票。

（2）8日，用银行汇票办理采购货款的结算，其中货款8 000元，增值税1 360元，材料已验收入库。

（3）15日，结算完毕，收到开户银行的收账通知，汇票余款140元已经汇还入账。

要求：根据上述经济业务编制相关的会计分录。

2.众诚公司为增值税一般纳税人，增值税税率为17%。2016年4月份发生下列有关外埠存款的经济业务：

（1）1日，采购员张斌到外地采购材料，开出汇款委托书，委托当地开户银行将采购款60 000元汇往采购地银行开立的采购专户。

（2）16日收到采购人员交来的报销单据，其中材料发票列明材料货款50 000元，增值税税款8 500元，车票、住宿费单据900元，材料尚未运达企业。

（3）18日，接到当地开户银行通知，汇出的采购专户存款余额600元已经汇回，存入公司的银行存款账户。

要求：根据上述经济业务编制相关的会计分录。

3.众诚公司为增值税一般纳税人，增值税税率为17%。2016年4月份发生下列有关信用卡存款的经济业务：

（1）2日，向银行申请领取信用卡，填写申请表并交存备用金20 000元，取得信用卡。

（2）8日，收到银行转来信用卡存款凭证及所附发票账单，招待费14 400元。

（3）30日，不再使用信用卡结算，办理销户手续，信用卡存款余额5 600元转回基本存款账户。

要求：根据上述经济业务编制相关的会计分录。

项目综合训练

1.众诚公司为增值税一般纳税人，该公司2016年5月份发生经济业务如下：

（1）2日，企业开出现金支票一张，从银行提取现金3 600元，企业用现金支付企业水电费400元。

（2）4日，张明去北京采购材料，不方便携带现款，故委托当地银行汇款5 850元到北京开立的采购专户，并从财务部门预借差旅费2 000元，财务部门以现金支付。

（3）10日，张明返回企业，交回采购有关的供应单位发票账单，共支付材料款5 850元，其中，材料价款5 000元，增值税850元。张明报销差旅费2 200元，财务部门以现金补付余款。

（4）18日，企业收到上海公司上月所欠货款47 000元的银行转账支票一张。企业将支票和填制的进账单送交开户银行。

（5）25日，采购员张明持银行汇票一张前往深圳采购材料，汇票价款8 000元，购买材料时，实际支付材料价款6 000元，增值税1 020元。

（6）28日，张明返回企业时，银行已将多余款项退回企业开户银行。

（7）30日，企业对现金进行清查，发现现金短缺600元。原因正在调查。

（8）31日，发现短缺的现金是由于出纳人员小华的工作失职造成的，应由其负责赔偿，金额为300元，另外300元没办法查清楚，经批准转做管理费用。

（9）31日，企业开始与银行进行对账，银行对账单上的存款余额为31 170元，银行存款日记账余额为31 000，经核对，发现以下未达账项：

①5月29日，企业委托银行代收款项2 000元，银行已收入账，企业尚未收到入账通知。

②5月30日，银行代企业支付租金630元，尚未通知企业。

③5月30日，企业收到深圳公司代收手续费1 200元。

要求：编制本月经济业务相关分录，并编制"银行存款余额调节表"核对双方记账有无错误。

2.众诚公司为增值税一般纳税人，2016年6月份发生以下经济业务：

（1）3日，职工李元因公出差借差旅费1 800元，以现金支付。

（2）11日，开出现金支票，提取现金40 000元，备发工资。

（3）13日，以现金40 000元发放工资。

（4）15日，签发转账支票一张，金额为78 000元，用于支付展览摊位费。

（5）18日，收到销售产品的货款11 700元现金，当日送存银行。

（6）20日，采购员李元出差回来，报销差旅费1 600元，并结算借款。

（7）21日，委托开户银行将300 000元采购资金汇往珠海工商银行拱北支行开设的采购专户，收到银行盖章退回的信汇凭证（回单）。

（8）23日，向银行申请开立100 000元的银行本票一张。

（9）25日，购进材料一批，价款90 000元，增值税15 300元，以银行本票支付，不足部分开出转账支票支付，材料尚未入库。

（10）25日，采购员王华交来购买原材料的专用发票，价款250 000元，增值税42 500元，款项已从珠海采购专户支付，材料尚未入库。

（11）26日，清查库存现金时发现库存现金盘盈200元。

（12）30日，经调查，盘盈的现金中有150元是少付给项华公司的应付款，另有50元无法查明原因，经批准核销。

要求：根据上述经济业务编制相关的会计分录。

项目三　应收及预付款项的核算

任务 1

应收账款的核算

一、判断题（正确的打"√"，错误的打"×"）

1.商业折扣和现金折扣都不影响应收账款的入账金额。　　　　　　　　（　　）

2.不单独设置"预收账款"科目的企业，预收的款项也可以在"应收账款"科目核算。如果"应收账款"科目的期末余额在贷方，则反映企业预收的款项。　（　　）

3.应收账款是企业销售商品等尚未收到的款项，应以实际发出货物的时间作为其入账时间。　　　　　　　　　　　　　　　　　　　　　　　　　　　　　（　　）

4.只有当商品销售收入或提供劳务收入的确认条件成立而货款尚未收取时，才能确认为应收账款。　　　　　　　　　　　　　　　　　　　　　　　　　　　（　　）

5.企业在赊销的情况下，债权人为了鼓励债务人在赊销期内尽早付款而给予债务人的一种债务扣除，在会计上称为商业折扣。　　　　　　　　　　　　　　　（　　）

二、不定项选择题（每题至少有一个正确答案，请将正确答案填在括号内）

1.下列内容属于企业的应收款项的有（　　　　）。

　　A.应收账款　　　　　B.应付账款　　　　　C.预付账款　　　　　D.应收票据

2.下列各项中，应计入应收账款的有（　　　　）。

　　A.销售商品的价款　　　　　　　　B.销售商品的增值税

　　C.代购货方垫付的运杂费　　　　　D.销售货物发生的商业折扣

3.企业因销售商品发生的应收账款，其入账价值应当包括（　　　　）。

　　A.销售商品的价款　　　　　　　　B.增值税销项税额

　　C.代购货方垫付的包装费　　　　　D.代购货方垫付的运杂费

4.某企业采用托收承付结算方式销售一批商品，增值税专用发票注明的价款为1 000万元，增值税为170万元，销售商品时为客户垫付运输费5万元，全部款项已办妥托收手续。该企业应确认的应收账款为（　　　　）万元。

　　A.1 000　　　　　　　B.1 005　　　　　　　C.1 170　　　　　　　D.1 175

5.某企业在2016年4月8日销售商品100件，增值税专用发票上注明的价款为20 000元，增值税为3 400元。企业为了及早收回货款而在合同中规定的现金折扣条件为"2/10，1/20，N/30"。假定计算现金折扣时不考虑增值税。如买方于2016年4月14日付清货款，该企业实际的收款金额应为（　　　　）元。

　　A.22 932　　　　　　B.23 200　　　　　　C.23 166　　　　　　D.23 000

三、核算与分析题

1.某企业2016年6月份发生以下经济业务：

（1）2日，销售B商品一批，增值税专用发票上注明：价款30 000元，增值税5 100元，代购货单位垫付运杂费500元，已办妥托收手续。

（2）6日销售B商品一批，增值税专用发票（折扣额在同一张发票上已注明）上注明：价款80 000元，增值税13 600元。由于是成批销售，给予购货方10%的商业折扣。

（3）18日，向甲公司销售A商品一批，增值税专用发票上注明：价款40 000元，增值税6 800元。合同规定的现金折扣条件为"2/10，N/30"（假定计算现金折扣时不考虑增值税），商品已发出，并办妥托收手续。

（4）25日，收到甲公司开来的转账支票一张，支付其18日购买A商品的价税款。根据合同规定，按售价的2%给予其现金折扣，支票已送交银行办理转账。

要求：根据上述业务编制相关的会计分录。

2.某企业2016年6月1日销售产品一批，该产品价格（不含税）为100 000元，增值税税率为17%。现金折扣条件为"5/5，N/10"。客户于第3天付款，企业收到款项并存入银行。

要求：

（1）采用总价法编制销售产品、收到货款的会计分录。

（2）如果客户第8天付款，则收到货款时的会计分录如何编制？

任务 2　　　　　　　　　　　　　应收票据的核算

一、判断题（正确的打"√"，错误的打"×"）

1.应收票据是指企业因销售商品、提供劳务等而收到的银行汇票。　　　　　（　　　）

2.银行承兑汇票的出票人于汇票到期前未能足额交存票款的，承兑银行则不能向持票人支付款项。　　　　　　　　　　　　　　　　　　　　　　　　　　　（　　　）

3.企业收到的银行承兑汇票，若到期付款人无力支付，应将应收票据的账面余额转为应收账款。　　　　　　　　　　　　　　　　　　　　　　　　　　　　　（　　　）

4.应收票据取得时应按其票面金额入账，票面金额包括销售收入、增值税、代垫的各种款项等。　　　　　　　　　　　　　　　　　　　　　　　　　　　　　（　　　）

5.应收票据贴现，其实是企业的一种融资行为。　　　　　　　　　　　　（　　　）

二、不定项选择题（每题至少有一个正确答案，请将正确答案填在括号内）

1.收到下列各种票据时，应通过应收票据核算的有（　　　）。

　　A.商业承兑汇票　　　B.支票　　　　　　C.银行承兑汇票　　D.银行本票

2.某企业销售商品时收到一张期限为6个月的带息商业承兑汇票，票面价值为100万元，票面年利率为4%。该票据到期时，企业应收到的金额为（　　　）万元。

　　A.100　　　　　　　B.102　　　　　　　C.104　　　　　　　D.140

3.应收票据终止确认时，对应的会计科目可能有（　　　）。

　　A."应收账款"　　　B."原材料"　　　　C."应交税费"　　　D."材料采购"

4.（　　　）因素影响带息商业汇票到期值大小。

　　A.贴现利率　　　　B.票据期限　　　　C.票面利率　　　　D.票据面值

5.未贴现的商业承兑汇票到期，如果付款人无力支付票据，收款企业应（　　　）。

　　A.借记"应收账款"科目，贷记"应收票据"科目

　　B.借记"应收账款"科目，贷记"应付票据"科目

　　C.借记"应收票据"科目，贷记"应收账款"科目

　　D.借记"应付票据"科目，贷记"应收账款"科目

三、核算与分析题

1.甲企业2016年10月31日销售产品一批，价款100万元，增值税税率17%，产品已经发出，次日收到带息商业承兑汇票一张，年利率4%，期限6个月。甲企业于2017年2月9日将票据贴现，贴现率为6%。应收票据年末计算利息，票据到期时对方无力支付。

要求：编制销售产品、年末计息、贴现和票据到期时的会计分录。

2.A企业发生以下经济业务：

（1）向B公司销售产品，货款20 000元，增值税3 400元，共计23 400元，取得不带息商业承兑汇票一张，面值23 400元，期限为3个月，出票日为2016年8月15日。

（2）向C公司销售产品，货款60 000元，增值税10 200元，共计70 200元，取得期限为3个月的带息银行承兑汇票一张，出票日为2016年11月1日，票面利率为10%。

（3）2016年11月15日，B公司承兑的商业汇票到期，企业收回货款23 400元，存入银行。

（4）向D公司销售产品，货款40 000元，增值税6 800元，共计46 800元，取得期限为2个月的带息商业承兑汇票一张，出票日期为2016年12月1日，票面利率为9%。

（5）2016年12月31日，计提C公司和D公司商业汇票利息。

票据利息=70 200×10%×2/12+46 800×9%×1/12=1 521（元）

（6）向C公司销售产品所收的银行承兑汇票到期，企业收回款项，面值70 200元，利息1 755元，共计71 955元。

（7）向D公司销售产品的商业承兑汇票到期，D公司无力偿还票款。

（8）向E公司销售产品，货款45 000元，增值税7 650元，共计52 650元，取得期限为4个月、面值为52 650元的不带息商业承兑汇票一张，出票日期为2017年1月5日。

（9）向F企业销售产品，货款80 000元，增值税13 600元，共计93 600元，取得期限为3个月的商业承兑汇票一张，面值为93 600元，票面利率为10%，出票日为2017年3月1日。

（10）2017年5月10日，将持有的F公司带息商业承兑汇票一张到银行贴现，面值为93 600元，期限为3个月，出票日为2017年3月1日，银行年贴现率为12%。

（11）企业将持有的账面价值为11 700元的商业汇票背书转让，以取得货款为10 000元、增值税为1 700元的材料。

要求：根据上述业务编制相关的会计分录。

任务 3

　　　　　　　　　　　　　　　预付账款的核算

一、判断题（正确的打"√"，错误的打"×"）

1.预付账款属于企业的资产，核算的是企业销售货物预先收到的款项。　　　（　　）

2.企业的预付账款若有确凿证据表明其不符合预付账款的性质，应将原计入预付账款的金额转入应收账款。 （　　）

3.企业采用预付货款方式采购材料，当收到所购材料进行价款结算时，应将应付的全部价税款冲减"预付账款"科目的贷方。 （　　）

4.退回多余的预付款项时，应借记"银行存款"科目，贷记"预付账款"科目。
（　　）

5.若企业预付账款所属明细账期末为贷方余额，在编制会计报表时，应将该预付账款所属明细账的借方余额合计减去所属明细账的贷方余额合计后的差额列报于资产负债表"预付款项"项目。 （　　）

二、不定项选择题（每题至少有一个正确答案，请将正确答案填在括号内）

1.预付款项情况不多的企业，可以不设置"预付账款"科目，预付货款时，借记的会计科目有（　　）。

A."应收账款" B."应收票据"

C."其他应收款" D."应付账款"

2.关于"预付账款"账户，下列说法正确的有（　　）。

A."预付账款"账户属于资产性质的账户

B.预付货款不多的企业，可以不单独设置"预付账款"账户，将预付的货款记入
　"应付账款"账户的借方

C."预付账款"账户贷方余额反映的是应付供应单位的款项

D."预付账款"账户核算企业因销售业务产生的往来款项

3.企业预付的账款可以借记的科目是（　　）。

A."应收账款" B."银行存款"

C."预付账款" D."应付账款"

4.飞达公司采用预付款方式向A公司采购原材料，已预付货款12 00元，材料全部价款为20 000元，增值税为3 400元，共计23 400元，材料已验收入库，下列会计分录正确的是（　　）。

A.借：原材料　　　　　　　　　　　　　　　　　　　　　20 000

　　应交税费——应交增值税（进项税额）　　　　　　　　3 400

　　　贷：银行存款　　　　　　　　　　　　　　　　　　　　23 400

B.借：原材料　　　　　　　　　　　　　　　　　　　　　20 000

　　应交税费——应交增值税（进项税额）　　　　　　　　3 400

　　　贷：预付账款　　　　　　　　　　　　　　　　　　　　23 400

C.借：预付账款　　　　　　　　　　　　　　　　　　　　20 000

　　应交税费——应交增值税（进项税额）　　　　　　　　3 400

　　　贷：银行存款　　　　　　　　　　　　　　　　　　　　23 400

D.借：原材料　　　　　　　　　　　　　　　　　　　　　20 000

　　应交税费——应交增值税（进项税额）　　　　　　　　3 400

　　　贷：预付账款　　　　　　　　　　　　　　　　　　　　12 000

贷：银行存款　　　　　　　　　　　　　　　　　　　　　　　　11 400

5.一般纳税人采用预付款方式采购材料，价款结算完毕补付款项时，下列会计分录正确的是（　　　）。

A.借：原材料
　　　应交税费——应交增值税（进项税额）
　　贷：银行存款

B.借：预付账款
　　　应交税费——应交增值税（进项税额）
　　贷：银行存款

C.借：预付账款
　　贷：银行存款

D.借：银行存款
　　贷：预付账款

三、核算与分析题

某企业发生以下业务：

（1）8月7日，从乙公司购入A产品一批，价款200 000元，税款34 000元，双方约定预付50%价款，余额在收货后一次性支付。

（2）9月12日，收到A产品，并验收入库。

（3）9月15日，开出转账支票支付A产品剩余款项。

要求：编制预付货款、收到货物、结算价款的会计分录。

任务 4　　其他应收款的核算

一、判断题（正确的打"√"，错误的打"×"）

1.企业销售商品时代垫的运杂费应记入"其他应收款"科目。　　　　　　　　（　　　）

2.甲公司以现金替总经理垫付应由其个人负担的医疗费5 000元，拟从工资中扣回，垫支时应记入"其他应收款"科目的借方。　　　　　　　　　　　　　　　（　　　）

3.租入包装物按期如数退回，甲公司收到出租方退还的押金1 000元，存入银行，应借记"其他应收款"科目，贷记"银行存款"科目。　　　　　　　　　　　（　　　）

4.收取的各种押金，应通过"其他应收款"科目核算。 （　　）

5.企业采用定额备用金制度，采购员出差报销时应贷记"其他应收款"科目。（　　）

二、不定项选择题（每题至少有一个正确答案，请将正确答案填在括号内）

1.下列各项中，应通过"其他应收款"科目核算的内容有（　　）。

  A.应收保险公司的赔款   B.代购货单位垫付的运杂费

  C.应收出租包装物租金   D.应向职工收取的各种垫付款

2.2016年4月2日，企业高管出差预借差旅费10 000元，以库存现金支付。10日出差归来，报销差旅费9 000元，将剩余现金交回。则下列会计处理不正确的有（　　）。

  A.借：管理费用   10 000

    贷：库存现金   10 000

  B.借：其他应收款   10 000

    贷：库存现金   10 000

  C.借：管理费用   9 000

    库存现金   1 000

    贷：其他应收款   10 000

  D.借：销售费用   9 000

    贷：库存现金   9 000

3.下列各项中，可以在"其他应收款"科目中核算的内容有（　　）。

  A.应收的经营租赁租金   B.存出保证金

  C.备用金   D.预付账款转入

4.企业进行材料清查时，对于盘亏的材料，应先记入"待处理财产损溢"科目，待期末或报经批准后，对于应由过失人赔偿的损失记入（　　）科目。

  A."管理费用"   B."其他应收款"

  C."营业外支出"   D."销售费用"

5.下列业务中，属于"其他应收款"科目核算内容的有（　　）。

  A.应收销货款   B.预付购货款   C.应收票据   D.应收的各种赔款

三、核算与分析题

1.某企业"其他应收款"期初余额为借方25 000元，本期支付存出保证金10 000元，支付张红预借差旅费10 000元，采用定额备用金核算制度的一车间前来报销办公费用15 000元，出差人员李明报销差旅费并退回多余预支款1 000元（原预支8 000元）。

要求：

（1）根据上述资料，编制相关会计分录。

（2）计算该企业"其他应收款"账户的期末余额。

2.正保公司维修科使用定额备用金制度，金额为18 000元。5月14日用现金购买零配件2 800元，次日到财务科报销。

要求：根据上述资料编制相应的会计分录。

3.采购员王某出差预借差旅费5 000元，报销5 400元，报销时财务科以现金补足差额。

要求：根据上述资料编制相关会计分录。

任务5 坏账损失的核算

一、判断题（正确的打"√"，错误的打"×"）

1.企业在确定应收款项减值的核算方法时，应根据本企业实际情况，按照成本效益原则，在备抵法和直接转销法之间合理选择。 （ ）

2.已转销的坏账当期又收回，应记入"坏账准备"科目的贷方。 （ ）

3.企业应收款项发生减值时，应将该应收款项账面价值高于预计未来现金流量现值的

差额，确认为减值损失，记入当期损益。 （　　）

4.企业已计提坏账准备的应收账款确实无法收回，按管理权限报经批准作为坏账转销时，应记入"资产减值损失"科目的借方，同时，贷记"坏账准备"科目。 （　　）

5.应收账款的账面价值为应收账款的账面余额减去相应的坏账准备贷方余额后的净额。 （　　）

二、不定项选择题（每题至少有一个正确答案，请将正确答案填在括号内）

1.2016年年初，某公司"坏账准备——应收账款"科目贷方余额为3万元，3月20日收回已核销的坏账12万元并入账，12月31日"应收账款"余额为220万元（所属明细科目为借方余额），预计未来现金流量现值为200万元，不考虑其他因素，2016年该公司计提的坏账准备金额为（　　）万元。

　　A.17　　　　　　　　B.29　　　　　　　　C.20　　　　　　　　D.5

2.企业已计提坏账准备的应收账款确实无法收回，按管理权限报经批准作为坏账转销时，应编制的会计分录是（　　）。

　　A.借记"资产减值损失"科目，贷记"坏账准备"科目

　　B.借记"管理费用"科目，贷记"应收账款"科目

　　C.借记"坏账准备"科目，贷记"应收账款"科目

　　D.借记"坏账准备"科目，贷记"资产减值损失"科目

3.下列各项中，会导致企业当期应收账款账面价值减少的有（　　）。

　　A.转销无法收回备抵法核算的应收账款

　　B.收回应收账款

　　C.计提应收账款坏账准备

　　D.收回已核销的应收账款

4.企业在连续提取坏账准备的情况下，"坏账准备"科目在期末结账前如为贷方余额，其反映的内容是（　　）。

　　A.企业已提取但尚未转销的坏账准备数额

　　B.上年年末坏账准备的余额小于本年确认的坏账损失部分

　　C.已经发生的坏账损失

　　D.本年冲减的坏账准备金额

5.公司自2015年起采用账龄分析法计提坏账准备，2015年年末应收账款余额为500万元，其中未到期应收账款为200万元，计提坏账准备的比例为1%，逾期应收账款为300万元，计提坏账准备的比例为5%。2016年上半年确认坏账损失3万元，下半年收回已作为坏账损失处理的应收账款2万元，2016年年末应收账款余额为400万元，其中未到期应收账款和逾期应收账款各为200万元，计提坏账准备的比例同2015年，该企业2016年年末应（　　）"坏账准备"。

　　A.计提17万元　　　B.反冲4万元　　　C.计提10万元　　　D.计提3万元

三、核算与分析题

1.某企业采用应收账款余额百分比法提取坏账准备，提取坏账准备的比例为0.5%。

2014年年末应收账款余额为1 000 000元，2015年发生坏账损失9 000元，2015年年末应收账款余额为1 600 000元。2016年5月，2015年确认的坏账又收回5 000元，2016年年末应收账款的余额为2 000 000元。

要求：根据上述资料编制相应的会计分录。

2.A公司2016年12月1日应收B公司账款期初余额为125万元，其坏账准备贷方余额为5万元。A公司2016年12月份发生以下经济业务：

（1）12月5日，向B公司销售商品110件，单价1万元，增值税税率为17%，单位销售成本为0.8万元，未收款。

（2）12月25日，因商品质量原因，B公司要求退回本月5日购买的10件商品，A公司同意B公司退货，并办理退货手续和开具红字增值税专用发票，A公司收到B公司退回的商品。

（3）12月26日应收B公司的账款发生坏账损失2万元。

（4）12月28日收回前期已确认应收B公司账款的坏账1万元，存入银行。

（5）12月31日，A公司对应收B公司账款进行减值测试，确定的坏账计提比例为5%。

要求：根据上述资料编制会计分录。

项目综合训练

1.甲公司2016年发生如下经济业务：

（1）3月1日，销售给A公司商品一批，价款为50 000元，增值税为8 500元，收到商业承兑汇票一张，面值58 500元，出票日为2016年3月1日，期限为3个月。

（2）4月20日，销售给B公司商品一批，价款为60 000元，增值税为10 200元。现金折扣条件为"2/10，N/30"。

（3）5月20日，B公司开出一张面值为70 200元，票面利率为5%，期限为3个月的带息商业承兑汇票偿付上述货款和增值税（该企业中期期末不计提利息）。

（4）6月5日，因A公司银行存款不足，无法承兑其开出的面值为58 500元、期限为3个月、出票日为2016年3月1日的商业承兑汇票。

（5）6月20日，甲公司将B公司的商业承兑汇票向银行贴现，银行年贴现率为7%。

（6）10月1日，销售给C单位商品一批，货款为40 000元，增值税为6 800元，收到一张面值为46 800元，出票日为2016年10月1日，期限为6个月，利率为6%的银行承兑汇票一张。

（7）2016 年年末，计提 C 单位开出的面值为 46 800 元，出票日为 2016 年 10 月 1 日，期限为 6 个月，利率为 6%的银行承兑汇票的利息。

要求：根据上述业务编制相关的会计分录。

2.甲公司为增值税一般纳税人，销售商品为主营业务，增值税税率为 17%。2016 年 12 月 1 日，甲企业"应收账款"科目借方余额为 500 万元，"坏账准备"科目贷方余额为 25 万元，企业通过对应收账款的信用风险特征进行分析，确定计提坏账准备的比例为期末应收账款余额的 5%。12 月份甲企业发生与应收账款相关的业务如下：

（1）12 月 1 日，向乙企业赊销一批商品，按商品价目表标明的价格计算的金额为 1 000 万元（不含增值税），由于是成批销售，甲企业给予乙企业 10%的商业折扣，该销售符合收入确认条件。甲公司为了及早收回货款而在合同中规定的现金折扣条件为"2/10，1/20，N/30"。假定计算现金折扣时不考虑增值税。

（2）12 月 8 日，收到乙企业的销售货款并存入银行。

（3）12 月 15 日，一客户破产，根据清算程序，有 50 万元应收账款不能收回，确认为坏账。

（4）12 月 20 日，收到 2015 年作为坏账已转销的应收账款 20 万元，存入银行。

（5）12 月 21 日，向丙企业赊销一批商品，增值税专用发票上注明的售价为 100 万元，增值税为17万元，符合销售收入确认条件。现金折扣条件同资料（1），至12月末款项尚未收回。

要求：根据上述资料，回答下列（1）—（5）小题。

（1）12月1日，下列处理正确的有（　　　）。

    A.应确认收入900万元

    B.增加应收账款1 035万元

    C.现金折扣不影响收入的确认金额

    D.增加财务费用20万元

（2）12月8日，下列处理正确的是（　　　）。

    A.确认收入882万元

    B.冲减收入18万元

    C.实际收到1 035万元银行存款

    D.增加财务费用18万元

（3）12月15日，坏账不能收回的分录处理不正确的是（　　　）。

    A.借：营业外支出　　　　　　　　　　　　　　　500 000

        贷：应收账款　　　　　　　　　　　　　　　　　　500 000

    B.借：坏账准备　　　　　　　　　　　　　　　　500 000

        贷：应收账款　　　　　　　　　　　　　　　　　　500 000

    C.借：坏账准备　　　　　　　　　　　　　　　　500 000

        贷：资产减值损失　　　　　　　　　　　　　　　　500 000

    D.借：营业外支出　　　　　　　　　　　　　　　500 000

        贷：坏账准备　　　　　　　　　　　　　　　　　　500 000

（4）12月20日，收回已经转销的坏账，下列处理正确的是（　　　）。

    A.借：银行存款　　　　　　　　　　　　　　　　200 000

        贷：应收账款　　　　　　　　　　　　　　　　　　200 000

    B.借：应收账款　　　　　　　　　　　　　　　　200 000

        贷：坏账准备　　　　　　　　　　　　　　　　　　200 000

    C.借：坏账准备　　　　　　　　　　　　　　　　200 000

        贷：资产减值损失　　　　　　　　　　　　　　　　200 000

    D.借：坏账准备　　　　　　　　　　　　　　　　200 000

        贷：营业外支出　　　　　　　　　　　　　　　　　200 000

（5）12月末，应计提的坏账准备金额为（　　　）万元。

    A.8.35　　　　　　B.33.35　　　　　　C.54.35　　　　　　D.52.35

项目四　　存货的核算

任务1　原材料的核算

一、判断题（正确的打"√"，错误的打"×"）

1. 凡是在盘存日期，法定产权属于企业的一切为销售或耗用而储存的资产，不管其存放地点如何，都是企业的存货。（　　）

2. 公司购入存货应负担的价内税均不构成存货的实际成本，而负担的价外税均构成存货的实际成本。（　　）

3. 公司采购材料，在折扣期内取得的现金折扣，应冲减材料的采购成本。（　　）

4. 存货发出计价方法的选择直接影响着资产负债表中资产总额的多少，而与利润表中净利润的大小无关。（　　）

5. 在物价波动频繁的情况下，采用先进先出法确定的期末存货成本比较接近当前的成本水平。（　　）

6. 采用全月一次加权平均法对存货计价，当物价上升时，加权平均成本将会小于现行成本；当物价下降时，加权平均成本将大于现行成本。（　　）

7. 公司采用计划成本进行材料日常核算，月末分摊材料成本差异时，无论是超支差还是节约差，均在"材料成本差异"账户的贷方登记。（　　）

8. 采购材料在运输途中发生的一切损耗，均应计入购进材料的采购成本中。（　　）

9. 企业在月末分配当月形成的材料成本差异，可以采用本月或上月的材料成本差异率。（　　）

10. 已经销售但购货方尚未提取的商品不属于销货方的存货范围。（　　）

二、不定项选择题（每题至少有一个正确答案，请将正确答案填在括号内）

1. 下列各项中，应作为原材料进行核算和管理的有（　　）。

　A.原料及主要材料　　　　　　　　B.修理用备件

　C.工程物资　　　　　　　　　　　D.包装材料

2. 下列项目中，包括在存货成本中的项目有（　　）。

　A.采购成本　　　　　　　　　　　B.运输途中的合理损耗

　C.运输费　　　　　　　　　　　　D.入库前的挑选整理费用

3. 公司购入存货，在有购货折扣的情况下，计入存货历史成本的购货价格指的是（　　）。

　A.扣除商业折扣但包括现金折扣的金额

　B.扣除现金折扣但包括商业折扣的金额

　C.扣除商业折扣和现金折扣后的金额

　D.不扣除商业折扣和现金折扣的金额

4. 存货发出的计价方法有（　　）。

　A.先进先出法　　　　　　　　　　B.全月一次加权平均法

C.个别计价法   D.一次摊销法

5.发出存货按先进先出法计价，其特点是（   ）。

A.发出存货的成本比较接近市价   B.可以随时结出发出存货的成本

C.物价持续上涨时，使利润虚高   D.期末结存存货与市价比较接近

6."材料成本差异"账户的贷方登记（   ）。

A.收入材料转入的节约差异   B.收入材料转入的超支差异

C.发出材料负担的节约差异   D.发出材料负担的超支差异

7.公司购进材料一批，已验收入库，但到月终时结算凭证仍未到，货款尚未支付。对该项业务，公司应做的处理是（   ）。

A.材料验收入库时只登记原材料明细账

B.月末按照暂估价入账

C.下月初冲回上月末的处理

D.待下月收到结算凭证并支付货款时入账

8.公司外购材料验收入库时发现的短缺和毁损，如属途中合理损耗，应做的处理是（   ）。

A.若未付款应拒付货款

B.若已付款应向供应单位索赔

C.列入营业外支出

D.相应提高入库材料的单位成本，不再另做账务处理

9.某公司赊购材料，商品价目单中的报价为1 000万元，商业折扣为10%，付款条件为"2/10，N/30"，公司在折扣期内付款，则该批材料的入账价值为（   ）万元。

A.1 000   B.980   C.900   D.882

10.某企业月初"原材料"账户借方余额24万元，"材料成本差异"账户贷方余额3 000元；本月入库原材料的计划成本为176万元，入库材料为超支差异4.3万元；发出材料的计划成本为150万元，则本月发出材料应负担的材料成本差异为（   ）万元。

A.3   B.3.45   C.-3   D.-3.45

三、核算与分析题

1.众诚公司为增值税一般纳税人，材料按实际成本计价核算，该公司2016年7月份发生经济业务如下：

（1）1日，将上月末已验收入库但尚未付款的以暂估价入账的材料冲回，余额为75 000元。

（2）5日，上月已付款的在途A材料已验收入库，A材料成本为50 000元。

（3）8日，向甲公司购入A材料，增值税专用发票上列示货款100 000元，增值税17 000元，运输费1 500元，增值税165元，公司签发并承兑一张票面金额为118 500元，2个月期的商业汇票结算材料款项，材料已验收入库。

（4）9日，按照合同规定，向乙公司预付购料款80 000元，已开出转账支票支付。

（5）11日，向丙公司采购B材料，增值税专用发票上列示货款30 000元，增值税5 100元，款项35 100元用银行本票存款支付，材料已验收入库。

（6）25日，用预付款方式向乙公司采购的B材料已验收入库，增值税专用发票上列示

货款70 000元，增值税11 900元，即开出一张转账支票补付货款1 900元。

（7）30日，向甲公司购买A材料，材料已验收入库，但结算单据等仍未到达，按暂估价60 000元入账。

（8）31日，根据发料凭证汇总表，本月基本生产车间领用原材料423 000元，车间一般性消耗领用80 500元，厂部管理部门领用786 00元。

要求：根据以上经济业务编制会计分录。

2.众诚公司为增值税一般纳税人，材料按实际成本计价核算。2016年7月1日结存A材料1 000千克，单位成本50元/千克。7月份A材料的收发业务如下：

（1）5日，从外地购入A材料5 000千克，增值税专用发票列示：货款235 600元，增值税40 052元，运输费2 000元，增值税220元。A材料验收入库时实收4 950千克，短缺50千克属定额内合理损耗。

（2）8日，生产领用A材料2 800千克。

（3）12日，在本市购入A材料3 000千克，价款145 500元，增值税24 735元，材料已验收入库。

（4）15日，生产领用A材料3 600千克。

（5）20日，从外地某公司购入A、B两种材料，增值税专用发票列示：A材料2 500千克，单价45.70元/千克，价款114 250元，增值税19 422.50元；B材料2 500千克，单价100元/千克，价款250 000元，增值税42 500元。另外，取得运输费增值税专用发票：运费1 500元，增值税165元。两种材料已验收入库，运费按材料的重量分配。

（6）24日，生产领用A材料4 000千克。

要求：

（1）计算各批购入A材料的实际总成本和单位成本。

（2）分别按先进先出法、一次加权平均法列式计算7月份A材料发出的实际成本和月末A材料的结存成本。

3. 诚志公司为增值税一般纳税人，材料按计划成本计价核算。该公司2016年6月月初结存原材料的计划成本为100 000元；本月购入材料的计划成本为200 000元，本月发出材料的计划成本为160 000元，其中生产车间直接耗用100 000元，管理部门耗用60 000元。材料成本差异的月初数为2 000元（超支），本月收入材料的成本差异为4 000元（超支）。

要求：

（1）计算材料成本差异率。

（2）计算发出材料应负担的成本差异。

（3）计算发出材料的实际成本。

（4）计算结存材料的实际成本。

（5）编制材料领用的会计分录，以及期末分摊材料成本差异的会计分录。

4.诚志公司为增值税一般纳税人，材料按计划成本计价核算。该公司2016年7月初"原材料"账户为借方余额135 000元，"材料成本差异"账户为借方余额11 961.40元。7月份发生经济业务如下：

（1）4日，甲公司上月发来的在途A材料已到达并验收入库，该批材料的实际成本为75 400元，计划成本为77 700元。

（2）10日，向乙公司采购A材料，增值税专用发票列示：价款110 000元，增值税18 700元，运费1 600元，增值税176元，货款已用银行存款支付，材料已验收入库，计划成本为110 000元。

（3）12日，向甲公司采购A材料，增值税专用发票列示：价款150 000元，增值税25 500元，运费2 000元，增值税220元。公司签发并承兑一张商业汇票结算材料款项，该批材料已验收入库，计划成本为160 000元。

（4）15日，向丙公司采购B材料4 000千克，增值税专用发票列示：价款150 000元，增值税25 500元，运费2 400元，增值税264元。货款已用银行存款支付，材料尚未收到。

（5）25日，向丙公司购买的B材料已运达，实际验收入库3 930千克，短缺70千克属定额内合理损耗。B材料计划单位成本为38元。

（6）26日，按照合同规定，向丁公司预付购料款50 000元，已开出转账支票支付。

（7）28日，向丙公司采购B材料，增值税专用发票列示：价款100 000元，增值税17 000元，运费1 800元，增值税198元，货款已用银行汇票存款支付，材料尚未收到。

（8）31日，向乙公司采购A材料，发票账单等已收到，增值税专用发票列示：价款60 000元，增值税10 200元，运费900元，增值税99元，材料已验收入库，计划成本为60 000元，货款尚未支付。

（9）31日，根据发料凭证汇总表，本月领用材料的计划成本为508 000元，其中：生产领用396 000元，车间管理部门领用45 000元，厂部管理部门领用67 000元。

要求：

（1）根据以上经济业务编制会计分录。

（2）计算7月份的材料成本差异率和发出材料应分摊的材料成本差异。

任务 2 周转材料的核算

一、判断题（正确的打"√"，错误的打"×"）

1.周转材料在采用分次摊销法进行核算时，应设置"在库""在用""摊销"三个明细账户。 （   ）

2.出租和出借包装物的摊销价值应作为销售费用处理。 （   ）

3.公司的低值易耗品可以多次参加生产周转而不改变其原有的实物形态，所以，应列为固定资产进行管理和核算。 （   ）

4.随同产品出售、不单独计价的包装物的成本，直接计入产品生产成本。 （   ）

5.随同产品出售、单独计价的包装物，属于企业包装物销售业务，即其他销售业务，其取得的收入应作为其他业务收入，其成本应相应地作为其他业务成本。 （   ）

二、不定项选择题（每题至少有一个正确答案，请将正确答案填在括号内）

1.对于报废出租包装物的残料价值，应借记"原材料"账户，贷记的账户是（   ）。

　　A."主营业务收入" 　　　　　　　　B."其他业务收入"

　　C."其他业务成本" 　　　　　　　　D."销售费用"

2.企业对出租、出借的包装物摊销时，可以采用的摊销方法有（   ）。

　　A.一次摊销法 　　　　　　　　　　B.分次摊销法

　　C.毛利率法 　　　　　　　　　　　D.先进先出法

3.下列项目中，应作为销售费用处理的有（   ）。

　　A.随同商品出售、不单独计价的包装物的成本

　　B.随同商品出售、单独计价的包装物的成本

　　C.出租包装物的摊销价值

　　D.出借包装物的摊销价值

4.下列各项中，应作为包装物进行核算和管理的有（　　）。

A.生产过程中用于包装产品作为产品组成部分的包装用品

B.随同商品出售、不单独计价的包装用品

C.用于储存和保管商品、材料而不对外出售的包装用品

D.出租或出借给购货单位使用的包装用品

5.随同商品出售、单独计价的包装物发出时应当记入的账户是（　　）。

A."主营业务收入"　　　　　　　　B."其他业务成本"

C."营业外收入"　　　　　　　　　D."销售费用"

三、核算与分析题

众诚公司为增值税一般纳税人，生产和销售的产品均为非应税消费品，包装物按实际成本计价核算。该公司2016年发生经济业务如下：

（1）向甲公司购入包装物一批，增值税专用发票列示：价款40 000元，增值税6 800元，款项46 800元已用银行存款支付，包装物已验收入库。

（2）向乙公司购入包装物一批，增值税专用发票列示：价款50 000元，增值税8 500元，款项58 500元已用银行存款支付，包装物尚未验收入库。

（3）基本生产车间在生产过程中领用包装物一批，实际成本8 500元。

（4）销售部门为销售产品领用包装物一批，实际成本2 300元，该批包装物随同产品出售而不单独计价。

（5）销售部门为销售产品领用包装物一批，实际成本4 000元，该批包装物随同产品出售，单独售价为5 000元，增值税销项税额为850元，款项5 850元已收存银行。

（6）借给丙公司某包装物（新的）20个，每个实际成本400元，出借期限为1个月。押金8 500元已收存银行，该包装物采用一次摊销法摊销。

（7）租给丁公司某包装物（新的）100个，每个实际成本30元，出租期限为1个月，租金为每个10元，押金3 500元已收存银行，该包装物采用一次摊销法摊销。

（8）以前借给丙公司的某包装物到期收回，原出借10个，现收回8个，没收押金850元，其中增值税123.50元，退回押金余额3 400元（原押金4 250元）。

（9）以前租给丁公司的某包装物到期收回，原出租80个，现收回75个。原收取押金2 800元，现抵扣租金800元和按规定应交的增值税136元，同时，没收押金175元，其中增值税25.43元，退回押金余额1 689元。

（10）丁公司退回的包装物中有10个报废，收回残料作价50元。

要求：根据以上经济业务编制会计分录。

委托加工物资的核算

一、判断题（正确的打"√"，错误的打"×"）

1.企业发出委托外单位加工的材料物资，虽然材料物资已经离开本企业，但所有权尚

未转移，仍属于企业存货。　　　　　　　　　　　　　　　　　　　　（　　）

2.委托企业对于委托加工后的物资属于应税消费品，收回后又用于继续加工应税消费品的，则支付给受托企业代收代缴的消费税不可以抵扣。　　　　　　（　　）

3.委托企业对于委托加工后的物资收回后直接对外销售的，则将受托企业代收代缴的消费税计入委托加工物资成本，该委托加工物资销售时不再缴纳消费税。（　　）

4.委托加工物资支付的加工费不应构成委托加工存货的成本。　　　　（　　）

5.委托加工物资可以采用计划成本核算也可以采用实际成本核算。　　（　　）

二、不定项选择题（每题至少有一个正确答案，请将正确答案填在括号内）

1.委托加工收回后将用于连续生产应税消费品的材料，其实际成本包括（　　）。

　　A.发出加工材料的计划成本

　　B.发出加工材料应负担的成本差异

　　C.加工费用和往返运杂费

　　D.支付的增值税

2.应交消费税的委托加工物资收回后用于连续生产应税消费品的，按规定准予抵扣的由受托方代收代缴的消费税，应当记入（　　）科目。

　　A."生产成本"　　　　　　　　　　B."应交税费——应交消费税"

　　C."主营业务成本"　　　　　　　　D."委托加工物资"

3.一般纳税人委托其他单位加工材料收回后直接对外销售的，其发生的下列支出中，不应计入委托加工材料成本的是（　　）。

　　A.发出材料的实际成本　　　　　　B.支付给受托方的加工费

　　C.支付给受托方的增值税　　　　　D.受托方代收代缴的消费税

4.某一般纳税人企业委托外单位加工一批应税消费品，材料成本为150万元，加工费为15万元（不含税），受托方的增值税税率为17%，受托方代收代缴的消费税为18万元。该批材料加工后委托方直接出售，则该批材料加工完毕入库时的成本为（　　）万元。

　　A.163.5　　　　　　　B.183　　　　　　　C.158.5　　　　　　　D.155

5.委托加工应税消费品（非金银首饰）收回后直接出售，其由受托方代收代缴的消费税应记入的会计科目是（　　）。

　　A."管理费用"　　　　　　　　　　B."应交税费——应交消费税"

　　C."税金及附加"　　　　　　　　　D."委托加工物资"

三、核算与分析题

1.众诚公司为增值税一般纳税人，存货采用实际成本计价核算。2016年5月委托B企业加工量具一批，5月10日发出原材料10 000元；5月20日支付加工费，增值税专用发票列示：价款8 000元，增值税1 360元；5月20日量具加工完成验收入库。假定款项均已通过银行支付。

要求：根据以上经济业务编制会计分录。

2.诚志公司为增值税一般纳税人，存货采用计划成本计价核算。2016年6月将一批原材料委托外单位加工为H半成品（属于应税消费品），发出原材料的计划成本为100 000元，材料成本差异率为1%，用银行存款支付加工费用，增值税专用发票列示：价款10 000元，增值税1 700元；支付消费税5 842元。加工完毕收回H半成品用于连续生产H产品。H半成品的计划成本为115 000元。

要求：

（1）根据上述经济业务编制相关会计分录。

（2）如果加工完毕收回H半成品直接对外出售，根据上述经济业务编制相关会计分录。

任务 4

库存商品的核算

一、判断题（正确的打"√"，错误的打"×"）

1.已完成销售手续但购买单位在月末未提取的产品，不应作为企业的库存商品，而应作为代管商品处理，单独设置代管商品备查簿进行登记。（　　）

2.发出展览的商品、寄存在外的商品不作为库存商品处理。（　　）

3.毛利率法是指根据本期销售净额乘以上期实际（或本期计划）毛利率匡算本期销售毛利，并据以计算发出存货和期末存货成本的一种方法。（　　）

4.接受来料加工制造的代制品和为外单位加工修理的代修品要作为库存商品进行处理。（　　）

5.产成品种类较多的企业，也可按计划成本进行日常核算，其实际成本与计划成本的差异，可以单独设置"产品成本差异"科目，比照"材料成本差异"科目核算。（　　）

二、不定项选择题（每题至少有一个正确答案，请将正确答案填在括号内）

1.某企业存货的日常核算采用毛利率法计算发出存货成本。该企业 2017 年 1 月份实际毛利率为 30%，2017 年 2 月 1 日的存货成本为 1 200 万元，2 月份购入存货成本为 2 800 万元，销售收入为 2 700 万元。该企业 2 月末存货成本为（　　）万元。

A.1 300　　　　　　B.1 900　　　　　　C.2 110　　　　　　D.2 200

2.下列各商品中，作为企业库存商品核算的有（　　）。

A.发出展览的商品　　　　　　B.接受来料加工制造的代制品

C.已经销售但是尚未提货的商品　　D.寄存在外的商品

3.下列有关库存商品的说法，正确的有（　　）。

A.库存商品可以采用实际成本核算，也可以采用计划成本核算

B.库存商品采用计划成本核算时，库存商品实际成本与计划成本的差异，可单独设置"产品成本差异"科目核算

C."库存商品"科目期末余额在借方，反映各种库存商品的实际成本或计划成本

D.商品流通企业，尤其是商业批发企业一般采用毛利率法计算本期商品销售成本和期末库存商品成本

4.下列有关商品毛利率法的公式正确的有（　　）。

A.毛利率=销售毛利÷销售净额×100%

B.销售净额=商品销售收入−销售退回和折让

C.销售毛利=销售净额×毛利率

D.销售成本=销售净额−销售毛利

5.某批发商业企业采用毛利率法对存货计价，第一季度的某商品实际毛利率为 30%，5 月 1 日存货成本为 1 800 万元，5 月购入存货成本为 4 200 万元，销售商品收入为 4 500 万元，发生销售退回 450 万元。则 5 月末该存货结存成本为（　　）万元。

A.3 165   B.2 850   C.1 950   D.3 300

三、核算与分析题

1.诚信公司属于商品流通企业,为增值税一般纳税人,售价中不含增值税。该公司只经营甲类商品,并采用毛利率法对发出商品计价,季度内各月份的毛利率根据上季度实际毛利率确定。该公司2016年第一季度、第二季度甲类商品有关的资料如下:

(1) 2016年第一季度累计销售收入为600万元、销售成本为510万元,3月末库存商品的实际成本为400万元。

(2) 2016年第二季度购进商品成本为880万元。

(3) 2016年4月份实现商品销售收入300万元。

(4) 2016年5月份实现商品销售收入500万元。

(5) 假定2016年6月末按一定方法计算的库存商品实际成本为420万元。

要求:根据上述资料计算下列指标。

(1) 计算甲类商品2016年第一季度的实际毛利率。

(2) 分别计算甲类商品2016年4月份、5月份、6月份的商品销售成本。

2.众诚公司为增值税一般纳税人,销售库存商品100件,实际单位成本为1 000元/件,计划单位成本为1 010元/件。

要求:请分别编制实际成本法与计划成本法结转成本的会计分录。

任务 5   存货清查的核算

一、判断题 (正确的打"√",错误的打"×")

1.存货清查结果核算要设置"待处理财产损溢——待处理流动资产损溢"账户。

(   )

2.清查结束,应编制"存货盘点报告表",如实反映各种存货的账存数和实存数,以及盘盈、盘亏和毁损的数量和金额。

(   )

3.存货盘亏属于定额内损耗经批准可转入管理费用。　　　　　　　　　（　　）

4.属于非常损失所造成的存货毁损，扣除保险公司赔款和残料价值后，加上不允许抵扣的增值税进项税额，计入管理费用。　　　　　　　　　　　　　　　（　　）

5.财产物资的盘盈盘亏报经批准处理时，一定会影响当期损益。　　　　（　　）

二、不定项选择题（每题至少有一个正确答案，请将正确答案填在括号内）

1.企业发生的下列存货盘亏或毁损中，应将其净损失计入管理费用的有（　　）。

A.定额内自然损耗　　　　　　　　　B.管理不善造成的毁损

C.自然灾害造成的毁损　　　　　　　D.收发计量差错造成的短缺

2.企业对于已记入"待处理财产损溢"科目的存货盘亏及毁损事项进行会计处理时，应计入管理费用的是（　　）。

A.管理不善造成的存货净损失　　　　B.自然灾害造成的存货净损失

C.应由保险公司赔偿的存货损失　　　D.应由过失人赔偿的存货损失

3.下列各项属于存货清查方法的有（　　）。

A.实地盘点法　　　　　　　　　　　B.技术推断法

C.先进先出法　　　　　　　　　　　D.加权平均法

4.清查结束，应编制（　　），如实反映各种存货的账存数和实存数，以及盘盈、盘亏和毁损的数量和金额。

A.存货明细账　　　　　　　　　　　B.存货盘点报告表

C.存货备查账　　　　　　　　　　　D.存货出库单

5.存货盘盈需要进行的处理是（　　）。

A.直接调整账面价值，做到账实相符

B.在没有查明原因时，应及时办理存货入账手续，调整账面记录，借记有关存货账户，贷记"待处理财产损溢——待处理流动资产损溢"账户

C.经有关部门批准后，再冲减管理费用，借记"待处理财产损溢——待处理流动资产损溢"账户，贷记"管理费用"账户

D.经有关部门批准后，根据不同的原因，借记"待处理财产损溢——待处理流动资产损溢"账户，贷记"管理费用"或"营业外收入"等账户

三、核算与分析题

华清公司为增值税一般纳税人，存货采用计划成本计价。期末对存货进行清查，清查结果及批准处理情况如下：

（1）发现盘盈A低值易耗品5件，实际单位成本为300元/件。

（2）发现盘亏B原材料400千克，单位计划成本为100元/千克，材料成本差异率为2%，其购进时的增值税为6 936元。

（3）发现毁损C产成品80件，实际单位成本为350元/件，其应负担的增值税为2 750元。

（4）上述原因已查明，A低值易耗品盘盈是收发计量差错造成的；B原材料短缺是管理制度不健全造成的；C产成品毁损是意外事故造成的，其残料回收作价500元，可获得保险公司赔偿18 450元。经公司会议批准后，对上述清查结果做出处理。

要求：对以上经济业务编制会计分录。

任务 6 存货跌价准备的核算

一、判断题（正确的打"√"，错误的打"×"）

1.公司采用成本与可变现净值孰低法确定存货的期末价值，当存货的成本低于可变现净值时，期末存货应按其成本计价。 （   ）

2.成本与可变现净值孰低法中的成本，是指存货的历史成本，可变现净值是指存货的现行售价。 （   ）

3.以前会计期间已计提存货跌价准备的某项存货，当其可变现净值恢复到等于或大于成本时，应将该存货跌价准备的账面已提数全额冲回。 （   ）

4.存货期末采用成本与可变现净值孰高法进行计量。 （   ）

5.当以前减记存货价值的影响因素已经消失，使得已计提跌价准备的存货的价值又得以恢复的，其冲减的跌价准备金额，应以"存货跌价准备"账户的余额为限冲减至零。
（   ）

二、不定项选择题（每题至少有一个正确答案，请将正确答案填在括号内）

1.关于"成本与可变现净值孰低法"，下列各项正确的有（   ）。

A.成本是指存货的历史成本

B.可变现净值是指存货的现行售价

C.当成本低于可变现净值时，存货按成本计价

D.当可变现净值低于成本时，存货按可变现净值计价

2.某企业2016年3月31日，某存货的实际成本为100万元，加工该存货至完工产成品估计还将发生成本20万元，估计销售费用和相关税费为2万元，估计用该存货生产的产成品售价为110万元。假定该存货月初"存货跌价准备"科目余额为0，2016年3月31日应计提的存货跌价准备为（　　　）万元。

  A.-10　　　　　 B.0　　　　　 C.10　　　　　 D.12

3.下列有关存货可变现净值的说法中，正确的有（　　　）。

A.可变现净值是指在日常活动中，存货的估计售价减去至完工时估计将要发生的成本、估计的销售费用以及相关税费后的金额

B.为执行销售合同或者劳务合同而持有的商品，其可变现净值应当以合同价格为基础

C.对于用于生产而持有的材料等存货，如果用其生产的产成品的可变现净值预计高于成本，则该材料等存货应当按照成本计量

D.对于用于生产而持有的材料，如果材料价格的下降等原因表明产成品的可变现净值低于成本，则该材料应当按可变现净值计量

4.2016年12月31日，某企业库存商品的账面成本为800万元，估计售价为750万元，估计的销售费用及相关税费为15万元。年末计提跌价准备前，库存商品的跌价准备余额为10万元，则年末该库存商品计提的存货跌价准备为（　　　）万元。

  A.-55　　　　　 B.55　　　　　 C.75　　　　　 D.-75

5.2016年12月31日，某企业A原材料的账面成本为1 000万元，A原材料的估计售价为850万元；假设用1 000万元A原材料生产成甲商品的成本为1 300万元（即至完工估计将要发生的成本为300万元），甲商品的估计售价为1 280万元，估计销售费用及相关税费为70万元。年末计提跌价准备前，A原材料的跌价准备余额为120万元。则以下说法正确的有（　　　）。

A.甲商品的可变现净值=甲商品的估计售价-估计的甲商品销售费用及相关税费=1 280-70=1 210（万元）

B.甲商品的可变现净值1 210万元低于甲商品的成本1 300万元，所以A原材料应当按照其可变现净值计量

C.A原材料可变现净值=甲商品的估计售价-将A原材料加工成甲商品估计将要发生的成本-估计的甲商品销售费用及相关税费=1 280-300-70=910（万元）

D.A原材料年末应冲回跌价准备30万元

三、核算与分析题

1.众诚公司采用备抵法核算存货跌价损失，某材料存货的有关资料如下：

（1）2014年年初"存货跌价准备"账户贷方余额为4 210元，年末存货成本为863 000元，可变现净值为857 220元。

（2）2015年年末，存货成本为629 000元，可变现净值为624 040元。

（3）2016年7月，处理一批生产中已不再需要、且已无使用价值和转让价值的材料，其账面余额为12 000元，已经计提的存货跌价准备为4 960元。2016年年末，存货成本为

736 500元，可变现净值为734 170元。

要求：计算各年应提取的存货跌价准备并编制相应的会计分录。

2.众泰公司期末存货采用成本与可变现净值熟低法计量。2016年11月20日，众泰公司与某公司签订销售合同：由众泰公司于2017年4月20日向某公司销售甲产品2 000件，每件2.5万元。2016年12月31日，众泰公司库存甲产品3 000件，每件成本为2万元。2016年12月31日，市场销售价格为每件2.2万元。预计销售税费均为每台0.5万元。甲产品存货跌价准备期初贷方余额为10万元。

要求：计算2016年12月31日众泰公司应计提的存货跌价准备。

3.众诚公司为增值税一般纳税人，适用的增值税税率为17%，2016年年初甲库存商品账面余额为1 000万元，已计提存货跌价准备200万元；本期对外销售甲库存商品600万元，取得销售收入800万元（不含税），款项尚未收到。

要求：编制上述经济业务的会计分录。

项目综合训练

1.众诚公司为增值税一般纳税人，按单项存货、按年计提跌价准备，2016年12月31日，期末存货有关资料如下：

（1）A产品库存100台，单位成本为15万元，A产品的市场销售价格为每台18万元，预计运杂费等销售费用及相关税费为平均每台1万元。未签订不可撤销的销售合同。

（2）B产品库存500台，单位成本为4.5万元，B产品的市场销售价格为每台4万元。众诚公司已经与长期客户某企业签订一份不可撤销的销售合同，约定在2017年4月10日向该企业销售B产品300台，合同价格为每台5万元。向长期客户销售B产品的销售费用及相关税费为每台0.3万元；向其他客户销售B产品的销售费用及相关税费为每台0.4万元。B产品的存货跌价准备期初余额为50万元。

（3）C产品存货跌价准备的期初余额为270万元，2016年销售C产品结转存货跌价准备195万元。年末C产品库存1 000台，单位成本为3.7万元，C产品的市场销售价格为每台4.5万元，预计销售费用及相关税费为每台0.5万元。未签订不可撤销的销售合同。

（4）D原材料400千克，单位成本为2.25万元，合计900万元，D原材料的市场销售价格为每千克1.2万元。现有D原材料可用于生产400台D产品，预计加工成D产品还需每台投入成本0.38万元。D产品已签订不可撤销的销售合同，约定次年按每台3万元的价格销售400台。预计销售费用及相关税费为每台0.3万元。

要求：

（1）判断A产品期末是否需要计提存货跌价准备，并说明A产品期末在资产负债表"存货"项目中列示的金额。

（2）计算B产品计提的存货跌价准备金额，并说明B产品期末在资产负债表"存货"项目中列示的金额。

（3）计算C产品本期计提或者转回的存货跌价准备的金额，编制相关会计分录，并说明C产品期末在资产负债表"存货"项目中列示的金额。

（4）判断D原材料是否需要计提存货跌价准备，并说明D原材料期末在资产负债表"存货"项目中列示的金额。

2.诚泰公司为增值税一般纳税人，适用的增值税税率为17%。存货期末按成本与可变现净值孰低法计量，同时按单个存货项目计提存货跌价准备。诚泰公司每半年报送一次报表，2016年有关业务资料如下：

（1）4月30日公司从外地购入甲材料500千克，收到的增值税专用发票上注明的价款为300 000元，增值税税额为51 000元。上述款项已用银行存款支付。

（2）由于该公司调整产品结构，导致上述甲材料一直积压在库。甲材料6月30日和12月31日的可变现净值分别为147 500元和149 500元，可变现净值的变动是由同一因素引起的。

要求：

（1）编制甲材料采购入库以及6月30日和12月31日对该批甲材料计提存货跌价准备的会计分录。

（2）如果2017年1月1日，公司将该批甲材料以200 000元（不含增值税）的价格对外出售（假定出售材料不是该公司的主营业务，出售所得款项已经存入银行），请编制出售甲材料时的会计分录。

3.泰兴公司为增值税一般纳税人,适用的增值税税率为17%。该公司采用实际成本法核算材料,按月计提存货跌价准备。该公司2016年6月末结存存货100万元,全部为A产品。6月末存货跌价准备余额为0。7月份发生经济业务如下:

（1）购买原材料一批,增值税专用发票上注明价款为160万元,增值税税额为27.2万元,公司已开出商业承兑汇票,该原材料已验收入库。

（2）用原材料对外投资,该批原材料的成本为40万元,双方协议作价为60万元。

（3）销售A产品一批,销售价格为100万元（不含增值税）,实际成本为80万元,提货单和增值税专用发票已交购货方,货款尚未收到。该销售符合收入确认条件。销售过程中发生相关费用2万元,均用银行存款支付。

（4）在建工程（厂房）领用外购原材料一批,该批原材料实际成本为28万元。

（5）本月领用原材料70万元用于生产A产品,生产过程中发生加工成本12万元,均为职工薪酬（尚未支付）。本月产成品完工成本为82万元,月末无在产品。

（6）月末发现盘亏原材料一批,经查属自然灾害造成的毁损,已按管理权限报经批准。该批原材料的实际成本为10万元,增值税税额为1.7万元。

（7）泰兴公司7月末结存的原材料可变现净值为18万元,A产品可变现净值为89万元。7月末无其他存货。

要求:

（1）编制与上述经济业务相关的会计分录（"应交税费"科目要求写出明细科目及专栏名称）。

（2）计算泰兴公司7月末资产负债表中"存货"项目的金额。

项目五　　金融资产的核算

任务 1

交易性金融资产的核算

一、判断题（正确的打"√"，错误的打"×"）

1.企业取得交易性金融资产支付的价款中包含已宣告但尚未发放的现金股利或已到付息期但尚未领取的债券利息，应当构成交易性金融资产的初始入账金额。（　　）

2.企业应当在资产负债表日对交易性金融资产的账面价值进行检查，有客观证据表明该金融资产发生减值的，应当计提减值准备。（　　）

3.企业出售交易性金融资产时，应将其出售时实际收到的款项与其账面价值的差额计入当期投资收益，同时将原计入该金融资产的公允价值变动计入当期投资损益。（　　）

4.交易性金融资产持有期间收到的现金股利，一定会影响投资收益。（　　）

5.出售交易性金融资产时，确认的投资收益数额一定是取得价款和交易性金融资产账面价值的差额。（　　）

二、不定项选择题（每题至少有一个正确答案，请将正确答案填在括号内）

1.企业持有交易性金融资产期间取得的现金股利，应当在现金股利宣告发放日确认并计入的账户是（　　）。

　　A."交易性金融资产"　　　　　　　　B."投资收益"

　　C."公允价值变动损益"　　　　　　　D."资本公积"

2.交易性金融资产应当以公允价值进行后续计量，公允价值变动计入的账户是（　　）。

　　A."营业外支出"　　　　　　　　　　B."投资收益"

　　C."公允价值变动损益"　　　　　　　D."资本公积"

3.企业取得交易性金融资产支付的价款中包含已宣告但尚未发放的现金股利应当计入的账户是（　　）。

　　A."交易性金融资产"　　　　　　　　B."应收股利"

　　C."公允价值变动损益"　　　　　　　D."资本公积"

4.根据《企业会计准则》，以公允价值计量且其变动计入当期损益的金融资产包括（　　）。

　　A.交易性金融资产

　　B.直接指定为以公允价值计量且其变动计入当期损益的金融资产

　　C.持有至到期投资

　　D.可供出售金融资产

　　E.贷款和应收款项

5.下列属于交易性金融资产的有（　　）。

　　A.以赚取差价为目的的从二级市场购入的股票

　　B.以赚取差价为目的的从二级市场购入的债券

　　C.以赚取差价为目的的从二级市场购入的基金

D.从二级市场购入股票准备长期持有

三、核算与分析题

1.2016年5月10日，甲公司以620万元（含已宣告但尚未领取的现金股利20万元）购入乙公司股票200万股作为交易性金融资产，另支付手续费6万元。5月30日，甲公司收到现金股利20万元。2016年6月30日该股票每股市价为3.20元。2016年8月10日，乙公司宣告分派现金股利，每股0.20元。8月20日，甲公司收到分派的现金股利。至12月31日，甲公司仍持有该交易性金融资产，期末每股市价为3.60元。2017年1月3日甲公司以630万元的价格出售该交易性金融资产。假定甲公司每年6月30日和12月31日对外提供财务报告。

要求：

（1）编制上述经济业务的会计分录。

（2）计算该交易性金融资产的累计损益。

2.A企业2016年4月5日从证券市场购入C企业于2016年1月1日发行的3年期债券，该批债券面值总额为500 000元，票面利率为3%，每半年付息一次，在每年1月1日和7月1日付息。该批债券的买价为400 000元，另外支付相关交易费用1 000元。2016年6月30日该批债券的价格为350 000元。2016年7月8日A企业收到该批债券1月至6月的利息7 500元。2016年12月31日该批债券的价格为480 000元。2017年1月6日A企业出售该批债券的一半，出售价格为250 000元（其中包含应收利息）。

要求：

（1）编制A企业购入债券的会计分录。

（2）编制A企业2016年6月30日该批债券价格降低的会计分录。

（3）编制A企业2016年7月1日计提债券利息的会计分录。

（4）编制A企业2016年7月8日收到债券利息的会计分录。

（5）编制A企业2016年12月31日计提债券利息的会计分录。

（6）编制A企业2016年12月31日该批债券价格升高的会计分录。

（7）编制A企业2017年1月6日出售该批债券的有关会计分录。

任务 2　持有至到期投资的核算

一、判断题（正确的打"√"，错误的打"×"）

1.持有至到期投资在持有期间应当按照摊余成本和票面利率计算确认利息收入。
（　　）

2.对持有至到期投资、贷款和应收款项等金融资产的减值损失一经确认不得转回。
（　　）

3.已计提减值准备的持有至到期投资价值以后又得以恢复的，应当在原已计提的减值准备金额内予以转回，转回的金额计入投资收益。
（　　）

4.持有至到期投资初始计量时，交易费用在"持有至到期投资——利息调整"账户中核算。
（　　）

5.2017年1月1日，甲公司购入乙公司当日发行的，面值总额为1 000万元的债券，期限为5年，到期一次还本付息，票面利率为8%，支付价款1 080万元，另支付相关税费10万元，甲公司将其划分为持有至到期投资，甲公司应确认"持有至到期投资——利息调整"的金额为90万元。
（　　）

二、不定项选择题（每题至少有一个正确答案，请将正确答案填在括号内）

1.持有至到期投资以（　　）进行后续计量。
　A.公允价值　　　　　　　　　　B.成本与市价孰低
　C.摊余成本　　　　　　　　　　D.现值

2.持有至到期投资、贷款和应收款项等金融资产发生减值时，应当将该金融资产的账面价值减记至（　　），减记的金额确认为资产减值损失，计入当期损益。
　A.可变现净值　　　　　　　　　B.预计未来现金流量现值
　C.公允价值　　　　　　　　　　D.可收回金额

3.持有至到期投资在持有期间应当按照（　　）计算确认利息收入，计入投资收益。
　A.实际利率　　　　　　　　　　B.票面利率
　C.市场利率　　　　　　　　　　D.合同利率

4.金融资产的摊余成本是指该金融资产的初始确认金额（　　）的结果。
　A.扣除已收回的本金
　B.减去采用实际利率法将该初始确认金额大于到期日金额之间的差额进行摊销形成的累计摊销额
　C.扣除已发生的减值损失
　D.加上采用实际利率法将该初始确认金额小于到期日金额之间的差额进行摊销形成的累计摊销额

5.下列金融资产应当以摊余成本进行后续计量的有（　　）。
　A.交易性金融资产　　　　　　　　B.持有至到期投资

　　C.可供出售金融资产　　　　　　　　D.贷款和应收款项

三、核算与分析题

　　1.A公司于2014年1月2日从证券市场上购入B公司于2013年1月1日发行的债券，A公司持有该债券3年。票面年利率为4%，每年1月5日支付上年度的利息，到期日为2017年1月1日，到期日一次归还本金和最后一次利息。A公司购入债券的面值为1 000万元，实际支付的价款为992.77万元，另支付相关费用20万元。A公司购入后将其划分为持有至到期投资。购入债券的实际利率为5%，假定按年计提利息。

　　要求：编制A公司从2014年1月2日至2017年1月1日上述有关业务的会计分录。

2.甲公司2015年1月1日购入某公司发行的5年期公司债券，以银行存款支付购买价款1 040万元（其中包括已到期但尚未领取的利息40万元），另支付交易手续费20万元。该债券面值为1 000万元，票面年利率为4%。该债券按年付息，到期还本，每年年末计提债券利息。已知同类债券的市场利率为3.4%。甲公司将其划分为持有至到期投资。

要求：根据以上资料，不考虑其他因素的影响，回答下列（1）—（5）小题（答案中金额单位用万元表示）：

（1）甲公司购入该债券时的会计处理正确的是（   ）。

    A.借：持有至到期投资——成本   1 000

        应收利息   40

        贷：银行存款   1 040

    B.借：持有至到期投资——成本   1 000

                ——利息调整   20

        应收利息   40

        贷：银行存款   1 060

    C.借：持有至到期投资——成本   1 020

        应收利息   40

        贷：银行存款   1 060

    D.借：持有至到期投资——成本   1 000

                ——利息调整   60

        贷：银行存款   1 060

（2）2015年12月31日，该债券的摊余成本为（   ）万元。

    A.994.68   B.985.32   C.1 020   D.1 014.68

（3）摊余成本是指金融资产的初始确认金额经过一定调整后的结果，下列各项中属于调整内容的是（   ）。

    A.扣除已偿还的本金

    B.减去溢价的摊销额

    C.加上折价的摊销额

    D.扣除已发生的减值损失

（4）2016年甲公司因持有该债券应当确认的实际利息收益为（   ）万元。

    A.40   B.34.50   C.40.58   D.5.50

（5）下列关于持有至到期投资在持有期间和出售时的会计处理表述正确的是（   ）。

    A.持有至到期投资在持有期间应当按摊余成本和实际利率计算确定投资收益

    B.持有至到期投资在持有期间无需进行减值测试

C.持有至到期投资出售时应当将取得的价款与账面价值之间的差额作为投资收益处理

D.如果对持有至到期投资计提了减值准备，还应同时结转减值准备

任务
3

可供出售金融资产的核算

一、判断题（正确的打"√"，错误的打"×"）

1.对于已确认减值损失的可供出售权益工具，在随后的会计期间公允价值已上升且客观上与原减值损失确认后发生的事项有关的，原确认的减值损失应当予以转回，计入当期损益。 （ ）

2.可供出售金融资产发生减值后，利息收入应当按照票面利率计算确认。 （ ）

3.单独测试未发现减值的可供出售金融资产（包括单项金额重大和不重大的金融资产），说明未发生减值。 （ ）

4.持有至到期投资重分类为可供出售金融资产，重分类日该投资的账面价值与公允价值之间的差额记入"公允价值变动损益"账户。 （ ）

5.可供出售金融资产公允价值变动形成的利得或损失应记入"公允价值变动损益"账户。 （ ）

二、不定项选择题（每题至少有一个正确答案，请将正确答案填在括号内）

1.甲公司以银行存款购入乙公司0.3%的股份。因乙公司的股份比较集中，甲公司未能在乙公司的董事会中派有代表。下列关于甲公司就乙公司股权投资的会计处理中，正确的有（ ）。

A.应当采用成本法进行后续计量

B.应当采用权益法进行后续计量

C.可以将其划分为交易性金融资产

D.可以将其划分为可供出售金融资产

2.2017年1月1日，甲公司购入5年期的公司债券，该债券于2016年7月1日发行，面值总额为2 000万元，票面利率为5%，债券利息于每年年初支付，甲公司将其划分为可供出售金融资产，支付价款2 100万元（其中包含已到付息期但尚未领取的债券利息），另支付交易费用30万元，甲公司该项可供出售金融资产的入账价值为（ ）万元。

A.2 000 B.2 080 C.2 050 D.2 130

3.可供出售金融资产应当以公允价值进行后续计量，公允价值变动形成的利得或损失，应当直接记入（ ）账户。

A."营业外支出" B."投资收益"

C."公允价值变动损益" D."其他综合收益"

4.可供出售金融资产应当以公允价值进行后续计量，公允价值变动形成的利得或损失计入所有者权益，在该金融资产终止确认时转出记入（ ）账户。

A."财务费用"　　　　　　　　　　B."投资收益"

C."公允价值变动损益"　　　　　　D."资本公积"

5.下列各项中，关于可供出售金融资产的会计处理表述正确的有（　　　）。

A.可供出售金融资产处置的净收益应计入投资收益

B.可供出售金融资产持有期间取得的现金股利应冲减投资成本

C.可供出售金融资产取得时发生的交易费用应计入初始投资成本

D.可供出售金融资产持有期间的公允价值变动额应计入所有者权益

三、核算与分析题

1.2016年5月，甲公司以480万元购入乙公司股票60万股作为可供出售金融资产，另支付手续费10万元，2016年6月30日该股票每股市价为7.50元，2016年8月10日乙公司宣告分派现金股利，每股0.20元，8月20日，甲公司收到分派的现金股利。至12月31日，甲公司仍持有该可供出售金融资产，期末每股市价为8.50元，2017年1月3日以515万元出售该可供出售金融资产。假定甲公司每年6月30日和12月31日对外提供财务报告。

要求：

（1）编制与上述经济业务相关的会计分录。

（2）计算该可供出售金融资产的累计损益。

2. 长江公司 2016 年 4 月 10 日通过拍卖方式取得甲上市公司的法人股 100 万股作为可供出售金融资产，每股公允价值为 3 元，另支付相关费用 2 万元。6 月 30 日每股公允价值为 2.80 元，9 月 30 日每股公允价值为 2.60 元，12 月 31 日由于甲上市公司发生严重财务困难，每股公允价值为 1 元，长江公司应对甲上市公司的法人股计提减值准备。2017 年 1 月 5 日，长江公司将上述甲上市公司的法人股对外出售，每股售价为 0.90 元。长江公司对外提供季度财务报告。

要求：根据上述资料编制长江公司有关会计分录。

3. A 公司于 2014 年 1 月 1 日从证券市场上购入 B 公司于 2013 年 1 月 1 日发行的 5 年期债券作为可供出售金融资产，该债券的票面利率为 5%，每年 1 月 5 日支付上年度的利息，到期日为 2018 年 1 月 1 日，到期日一次归还本金和最后一次利息。购入债券时的实际利率为 4%。该债券的面值为 1 000 万元，实际支付价款 1 076.30 万元，另支付相关费用 10 万元。假定按年计提利息。2014 年 12 月 31 日，该债券的公允价值为 1 020 万元。2015 年 12 月 31 日该债券的预计未来现金流量现值为 1 000 万元并将继续下降。2016 年 1 月 20 日，A 公司将该债券全部出售，收到款项 995 万元，并存入银行。

要求：编制 A 公司从 2014 年 1 月 1 日至 2016 年 1 月 20 日上述有关业务的会计分录。

项目综合训练

众城公司2016年发生的与投资有关的交易或事项如下：

（1）4月13日，以存出投资款1 200万元购入甲公司有表决权股份的0.50%，甲公司于4月10日宣告分派现金股利5 000万元，于5月5日实际发放。众城公司以银行存款支付交易费用20万元。众城公司将其作为交易性金融资产。

（2）6月30日，以银行存款1 020万元购入乙公司于2015年6月30日发行的5年期公司债券10万份，该债券的面值为1 000万元，票面利率为5%，每年7月1日支付上年度利息，到期归还本金。另支付相关费用5万元。众城公司将其作为持有至到期投资核算。假定市场利率为6.50%。

（3）9月13日，以存出投资款3 500万元购入丙公司有表决权股份的10%，因丙公司股份比较集中，故众城公司对丙公司的投资不具有重大影响。众城公司以银行存款另支付交易费用80万元。众城公司将其作为可供出售金融资产核算。

（4）12月31日，甲公司当年实现净利润8 920万元，乙公司当年实现净利润4 250万元，丙公司当年实现净利润6 550万元。

（5）12月31日，对甲公司投资的公允价值为1 020万元，对乙公司债券投资的预计未来现金流量现值为990万元，对丙公司的投资公允价值为3 600万元。

要求：根据上述资料，假定不考虑其他因素，分析回答下列（1）—（5）小题（答案中的金额单位用万元表示）：

（1）下列各项中，关于众城公司购入相关资产支付的交易费用表述正确的是（　　）。

　　A.购入甲公司股份支付的交易费用计入交易性金融资产入账成本中

　　B.购入甲公司股份支付的交易费用计入投资收益

　　C.购入乙公司债券支付的交易费用计入持有至到期投资入账成本中

　　D.购入丙公司股份支付的交易费用计入投资收益

（2）下列各项中，关于众城公司对甲公司投资的相关会计处理正确的是（　　）。

　　A.借：交易性金融资产——成本　　　　　　　　　　　　　　 1 200

　　　　　投资收益　　　　　　　　　　　　　　　　　　　　　　　20

　　　　　贷：银行存款　　　　　　　　　　　　　　　　　　　　　　　 1 220

　　B.借：交易性金融资产—— 成本　　　　　　　　　　　　　　 1 175

　　　　　应收股利　　　　　　　　　　　　　　　　　　　　　　　25

　　　　　投资收益　　　　　　　　　　　　　　　　　　　　　　　20

　　　　　贷：其他货币资金　　　　　　　　　　　　　　　　　　　 1 200

　　　　　　　银行存款　　　　　　　　　　　　　　　　　　　　　　 20

　　C.借：其他货币资金　　　　　　　　　　　　　　　　　　　　　25

　　　　　贷：应收股利　　　　　　　　　　　　　　　　　　　　　　　25

　　D.借：公允价值变动损益　　　　　　　　　　　　　　　　　　 155

　　　　　贷：交易性金融资产——公允价值变动　　　　　　　　　　 155

（3）12月31日，众城公司"持有至到期投资——乙公司"的摊余成本为（　　）万元。

    A.1 013.38   B.988.38   C.1 006.69   D.981.69

（4）下列各项中，关于众城公司各项投资在资产负债报表日的会计处理表述正确的是（　　）。

    A.对甲公司的投资会减少当期营业利润180万元

    B.对甲公司的投资会减少当期营业利润155万元

    C.无需计提持有至到期投资减值准备

    D.对丙公司的投资应增加其他综合收益20万元

（5）下列各项中，关于众城公司各项投资的处置表述不正确的是（　　）。

    A.对甲公司进行投资处置时应将原计入公允价值变动损益的金额结转至投资收益

    B.对乙公司进行投资处置时应将出售价款与其账面价值的差额计入投资收益

    C.对丙公司进行投资处置时应将原计入其他综合收益的金额结转至投资收益

    D.对丙公司进行投资处置时应将原计入其他综合收益的金额结转至资本公积

项目六　　长期股权投资的核算

任务1 长期股权投资的初始计量

一、判断题（正确的打"√"，错误的打"×"）

1.以支付现金方式取得的长期股权投资，以实际支付的全部价款作为长期股权投资的初始成本。 （ ）

2.非企业合并方式获得长期股权投资支付的相关税费，均应当计入长期股权投资的初始成本。 （ ）

3.以发行权益性证券方式获得的长期股权投资，按照该股权的公允价值作为长期股权投资的初始成本。 （ ）

4.企业从二级市场上购入的准备随时出售的股票，可以划分为长期股权投资。 （ ）

5.投资企业持有被投资企业51%的股份，投资企业一定能够控制被投资企业。 （ ）

二、不定项选择题（每题至少有一个正确答案，请将正确答案填在括号内）

1.非企业合并方式取得长期股权投资时支付的税费、手续费等相关费用，应计入（ ）。

   A.投资成本   B.投资收益   C.财务费用   D.管理费用

2.投资企业通过非企业合并形式形成的长期股权投资，（ ）应当计入长期股权投资初始投资成本。

   A.实际支付的买价

   B.取得投资发生的相关费用

   C.取得投资发生的相关税费

   D.买价中包含的已宣告但尚未支付的现金股利

3.2016年9月1日，A公司以1 000万元取得B公司22%的股份，作为长期股权投资核算，取得长期股权投资时B公司可辨认净资产的账面价值为3 000万元，公允价值为4 000万元，A公司取得长期股权投资的初始入账价值为（ ）万元。

   A.1 000   B.660   C.880   D.3 000

4.2016年12月12日，M公司通过增发5 000万股本公司的普通股（每股面值1元）取得N公司25%的股权，该5 000万股股份的公允价值为54 000万元，M公司取得投资时N公司的可辨认净资产的账面价值为180 000万元，公允价值为216 000万元。M公司为发行股票向证券承销商支付了110万元的佣金和手续费。假定M公司能够对N公司的财务和生产经营决策施加重大影响，在不考虑其他税费的情况下，M公司长期股权投资的初始成本为（ ）万元。

   A.54 000   B.54 110   C.45 000   D.45 110

5.下列各项中，属于长期股权投资核算内容的有（ ）。

A.对子公司的投资 B.对合营企业的投资

C.对共同经营的投资 D.对联营企业的投资

任务 2 长期股权投资的后续计量——成本法核算

一、判断题（正确的打"√"，错误的打"×"）

1.投资企业对被投资企业具有控制权时，长期股权投资应当采用成本法核算。

（ ）

2.企业投资占被投资企业股份为20%以下，一般采用成本法核算长期股权投资。

（ ）

3.现金股利和股票股利都是被投资企业给予投资企业的回报，因此，投资企业均应确认投资收益。 （ ）

4.采用成本法核算长期股权投资，投资企业应当按照享有被投资企业宣告发放的现金股利或利润确认投资收益，不管有关利润分配是属于对投资前还是取得投资后被投资企业实现净利润的分配。 （ ）

5.当长期股权投资减值的因素消失时，原计提的减值准备可以转回。 （ ）

二、不定项选择题（每题至少有一个正确答案，请将正确答案填在括号内）

1.下列各项中，采用成本法核算的长期股权投资有（ ）。

A.对子公司的投资 B.对合营企业的投资

C.对联营企业的投资 D.对共同经营的投资

2.采用成本法核算长期股权投资时，下列项目中，影响被投资企业"投资收益"账户的有（ ）。

A.被投资企业宣告分派现金股利

B.被投资企业宣告分派股票股利

C.被投资企业发生亏损

D.处置长期股权投资取得的价款与长期股权投资账面价值的差额

3.2017年4月1日，A公司以4 000万元取得B公司60%的股份，能够对B公司实施控制，采用成本法核算长期股权投资。4月3日，B公司宣告分配2016年实现的净利润900万元，则A公司在4月3日应编制的会计分录为（ ）。

A.借：长期股权投资 5 400 000

　　贷：投资收益 5 400 000

B.借：应收股利 5 400 000

　　贷：投资收益 5 400 000

C.借：应收股利 5 400 000

　　贷：营业外收入 5 400 000

D.不编制会计分录

4.2016年4月1日，A公司以6 000万元取得B公司55%的股份，能够对B公司实施控制，采用成本法核算长期股权投资。2017年4月1日，B公司宣告分配2016年实现的净利润1 000万元，则A公司在4月1日应编制的会计分录为（　　　　）。

A.借：长期股权投资　　　　　　　　　　　　　　　5 500 000
　　贷：投资收益　　　　　　　　　　　　　　　　　　　5 500 000
B.借：应收股利　　　　　　　　　　　　　　　　　5 500 000
　　贷：投资收益　　　　　　　　　　　　　　　　　　　5 500 000
C.借：长期股权投资　　　　　　　　　　　　　　　4 125 000
　　贷：投资收益　　　　　　　　　　　　　　　　　　　4 125 000
D.借：应收股利　　　　　　　　　　　　　　　　　4 125 000
　　贷：投资收益　　　　　　　　　　　　　　　　　　　4 125 000

5.对长期股权投资计提减值准备时记入的账户有（　　　　）。

A."管理费用"　　　　　　　　　　　　B."营业外支出"
C."资产减值损失"　　　　　　　　　　D."投资收益"

三、核算与分析题

众诚公司2016年4月15日以银行存款购买诚远股份有限公司的股票100万股作为长期股权投资，每股买入价为12元，每股价格中包含0.20元的已宣告但尚未分配的现金股利。众诚公司能够对诚远股份有限公司实施控制，诚远股份有限公司成为众诚公司的子公司。2016年4月20日，收到买价中包含的股利。2017年3月28日，诚远股份有限公司宣告分配2016年的股利，每股现金股利为0.22元，而且每10股派送2股股票股利。

要求：

（1）编制众诚公司2016年4月15日购买股票的会计分录。

（2）编制众诚公司2016年4月20日收到现金股利的会计分录。

（3）编制众诚公司2017年3月28日诚远股份有限公司宣告分配股利时的会计分录。

任务 3

长期股权投资的后续计量——权益法核算

一、判断题（正确的打"√"，错误的打"×"）

1.采用权益法核算长期股权投资时，投资成本与投资企业投资时享有被投资企业净资产公允价值之间的差额，调整长期股权投资的账面价值。　　　　　　　　　（　　）

2.采用权益法核算长期股权投资时，长期股权投资的账面余额一定等于投资企业享有被投资企业所有者权益的份额。　　　　　　　　　　　　　　　　　　　　（　　）

3.采用权益法核算长期股权投资时，被投资企业宣告分配利润，投资企业按持股比例计算应享有的份额调增长期股权投资的账面价值，同时计入投资收益。　　　（　　）

4.采用权益法核算长期股权投资时，投资企业的投资收益仅限于投资企业在投资后被投资企业获得的累积净利润的分配额。　　　　　　　　　　　　　　　　　（　　）

5.处置权益法核算的长期股权投资时，应将处置所得与长期股权投资账面余额之间的差额确认为当期损益。　　　　　　　　　　　　　　　　　　　　　　　　（　　）

二、不定项选择题（每题至少有一个正确答案，请将正确答案填在括号内）

1.采用权益法核算长期股权投资时，因被投资企业其他综合收益引起的所有者权益的增加，投资企业应按持股比例计算应享有的份额增加长期股权投资的账面价值，同时应增加（　　）。

    A.实收资本　　　　　　B.资本公积　　　　　　C.投资收益　　　　　　D.其他综合收益

2.采用权益法核算长期股权投资时，初始投资成本大于应享有被投资企业可辨认净资产公允价值份额之间的差额，投资企业应作的会计处理是（　　）。

    A.调整初始投资成本　　　　　　　　B.调整净资产

    C.调整当期损益　　　　　　　　　　D.不作任何调整

3.采用权益法核算长期股权投资时，被投资企业发生的下列事项中，会引起投资企业"长期股权投资"和"投资收益"都减少的是（　　）。

    A.当年实现净利润　　　　　　　　　B.当年发生亏损

    C.资产评估减值　　　　　　　　　　D.向投资者分配股利

4.采用权益法核算长期股权投资时，下列事项中，投资企业需要调整"长期股权投资"账面价值的有（　　）。

    A.被投资企业实现净利润　　　　　　B.被投资企业宣告发放现金股利

    C.被投资企业宣告发放股票股利　　　D.被投资企业提取盈余公积

5.采用权益法核算长期股权投资时，下列说法正确的有（　　）。

    A.被投资企业实现净利润，投资企业在确认其享有的份额时，应在"长期股权投资"账户下单独设置"损益调整"明细账户进行核算

    B.被投资企业发生亏损，投资企业按其应承担的份额，冲减长期股权投资的账面价值，当长期股权投资的账面价值减至零时，其余确认为预计负债

　　C."长期股权投资"账户下设置的"损益调整"明细账户会出现借方余额

　　D."长期股权投资"账户会出现贷方余额

三、核算与分析题

　　1.众诚公司于 2013 年 4 月 1 日以 2 900 万元购入甲公司 20%的股份，对其具有重大影响。购买日众诚公司可辨认净资产的公允价值为 13 000 万元。2013 年 4 月 1 日以后，甲公司的有关资料如下：

　　（1）2013 年甲公司实现净利润 1 500 万元。

　　（2）2014 年 4 月 6 日甲公司宣告分派股利 1 000 万元，当年净亏损 4 000 万元。

　　（3）2015 年甲公司发生净亏损 11 500 万元；众诚公司有一笔应收甲公司的长期应收款 300 万元，该笔应收款在可预见的将来不准备收回。

　　（4）2016 年甲公司实现净利润 680 万元。

　　要求：编制众诚公司从 2013 年 4 月 1 日取得投资至 2016 年年末相关业务的会计分录。

2. 众诚公司于2014年8月5日购入乙公司股份800 000股，每股买价12.20元，另支付相关税费3 600元，众诚公司占乙公司表决权资本的25%，具有重大影响。其他资料如下：

（1）2014年乙公司实现利润200万元。

（2）乙公司于2015年5月2日宣告分派现金股利，每股0.20元，5月20日付现。

（3）2015年乙公司实现净利润560万元；当年其他综合收益增加80万元；除净损益、其他综合收益和利润分配以外，所有者权益增加60万元。

（4）2016年2月16日，出于管理意图的变化，众诚公司以1 280万元的价格出售所持乙公司股票。

要求：编制众诚公司从2014年8月5日取得投资至2016年2月16日出售投资相关业务的会计分录。

项目综合训练

甲公司为一家上市公司，2016年对外投资的相关资料如下：

（1）1月20日，甲公司以银行存款购买A公司发行的股票200万股准备长期持有，实际支付价款10 000万元，另支付相关税费120万元，占A公司有表决权股份的40%，能够对A公司施加重大影响，投资时A公司可辨认净资产的公允价值为28 000万元（各项可辨认资产、负债的公允价值和账面价值相同）。

（2）4月17日，甲公司委托证券公司从二级市场购入B公司股票，并将其划分为交易性金融资产。支付价款1 500万元（其中包含已宣告但尚未发放的现金股利40万元），另支付相关交易费用6万元。

（3）5月5日，甲公司收到B公司发放的现金股利40万元，并存入银行。

（4）6月30日，甲公司持有的B公司股票的公允价值下跌为1 380万元。

（5）7月15日，甲公司将持有的B公司股票全部出售，售价为1 521.20万元，款项已存入银行，该笔交易确认应交增值税1.20万元。

（6）A公司2016年实现净利润5 000万元。

（7）A公司2016年年末因可供出售金融资产公允价值变动增加其他综合收益600万元。

要求：不考虑其他因素的影响，根据上述资料，回答下列（1）—（5）小题。

（1）甲公司对于取得A公司股票的处理中，正确的有（   ）。

    A.甲公司应将A公司股票投资划分为持有至到期投资

    B.甲公司应将A公司股票投资划分为长期股权投资，采用权益法核算

    C.取得投资时的初始投资成本为10 120万元

    D.取得投资时应确认营业外收入1 080万元

（2）甲公司对于B股票投资的处理，下列表述不正确的有（   ）。

    A.应确认的初始成本为1 506万元

    B.收到现金股利时应确认投资收益40万元

    C.6月30日公允价值变动金额计入资本公积

    D.处置时确认的应交增值税应冲减投资收益

（3）甲公司对于购买B公司股票的会计处理中，下列说法正确的有（   ）。

    A.购买价款中包含的已宣告但尚未发放的现金股利应计入投资收益

    B.支付的相关税费计入交易性金融资产的成本

    C.6月30日确认的公允价值变动损失为80万元

    D.6月30日确认的公允价值变动损失为86万元

（4）关于甲公司购入股票的后续计量，下列表述正确的有（   ）。

    A.甲公司持有B公司股票的公允价值下跌应计入"资本公积——其他资本公积"账户贷方

    B.甲公司持有B公司股票的公允价值下跌应计入"公允价值变动损益"账户贷方

  C.A公司实现净利润5 000万元，甲公司应确认增加长期股权投资2 000万元

  D.A公司可供出售金融资产公允价值变动增加600万元，甲公司应当相应地增加
   长期股权投资240万元，同时资本公积增加240万元

 （5）甲公司对于B公司股票投资的处理，累计影响2016年当期损益的金额为
（ ）万元。

  A.14   B.140   C.136   D.54

项目七　　固定资产的核算

任务 1

固定资产的初始计量

一、判断题（正确的打"√"，错误的打"×"）

1.企业外购固定资产发生的全部支出作为固定资产的初始入账价值。 （ ）

2.企业购入需要安装的固定资产先通过"在建工程"账户核算，达到预定可使用状态时转为固定资产。 （ ）

3.对于已达到预定可使用状态但尚未办理竣工决算的固定资产，待办理竣工决算后，若实际成本与原暂估价值存在差异的，应调整原估计成本。 （ ）

4.对于租入的固定资产，由于不拥有所有权，故不必进行账务处理，只需在备查簿中进行登记。 （ ）

5.接受投资者投入的固定资产，应当按照合同、协议约定的价值作为固定资产的入账基础，除非合同、协议不公允。 （ ）

二、不定项选择题（每题至少有一个正确答案，请将正确答案填在括号内）

1.甲企业购入一台不需要安装的设备，取得的增值税专用发票上注明的设备价款为20万元，增值税为3.4万元，货物运输增值税专用发票上注明的运输费为2 500元，增值税为275元，该固定资产的成本是（ ）元。

A.236 775   B.202 500   C.236 500   D.202 775

2.下列税费中，可以计入固定资产成本的有（ ）。

A.进口设备缴纳的增值税   B.进口关税

C.购买汽车缴纳的消费税   D.车辆购置税

3.采用出包方式购建固定资产时，按照合同预付的工程价款应借记的账户有（ ）。

A."在建工程"   B."固定资产"   C."工程物资"   D."预付账款"

4.自行建造固定资产领用本企业生产的产品时，应编制的会计分录是（ ）。

A.借：在建工程
      贷：库存商品

B.借：在建工程
      贷：库存商品
         应交税费——应交增值税（销项税额）

C.借：在建工程
      贷：库存商品
         应交税费——应交增值税（进项税额转出）

D.借：在建工程
      贷：主营业务收入
         应交税费——应交增值税（销项税额）

5.下列项目中，作为企业固定资产管理和核算的有（ ）。

A.经营租入的设备　　　　　　　　B.融资租入的设备

C.经营租出的设备　　　　　　　　D.经营租出的建筑物

三、核算与分析题

1.众诚公司为增值税一般纳税人，适用的增值税税率为17%。2016年7月份发生下列经济业务：

（1）7月3日，购入不需要安装的甲设备一台，增值税专用发票上注明的价款为24万元，增值税为4.08万元，货物运输增值税专用发票上注明的运输费为12 000元，增值税为1 320元，货款和运费开出转账支票予以支付，设备已验收。

（2）7月12日，购入需要安装的乙设备一台，增值税专用发票上注明的价款为20万元，增值税为3.4万元，货物运输增值税专用发票上注明的运输费为8 000元，增值税为880元，货款和运费均未支付。

（3）7月13日，安装乙设备，领用原材料800元，该材料承担的增值税税额为136元。

（4）7月18日，取得增值税专用发票，发票注明的乙设备的安装费为1 500元，增值税为255元。

（5）安装完毕，乙设备达到预定可使用状态并验收。

要求：假定取得的增值税专用发票都已认证，根据上述经济业务编制相关的会计分录。

2.2016年8月23日，众诚公司一次购入3套不同型号且具有不同生产能力的A、B和C设备。众诚公司取得增值税专用发票，并已认证。该批设备的价款为480万元，增值税为81.6万元。货物运输增值税专用发票列示：运输费20 000元，增值税2 200元。货款、运输费全部以银行转账支付，设备已验收。假定A、B和C设备分别满足固定资产的确认条件，公允价值分别为156万元、260万元和104万元。假定不考虑其他相关税费。

要求：计算A、B、C设备的成本并编制相关的会计分录。

3.2017年1月，众诚公司因生产需要，决定用自营方式建造一间材料仓库。相关资料如下：

（1）1月5日，购入工程用专项物资30万元，增值税为5.1万元，该批专项物资已验收入库，款项用银行存款付讫。

（2）领用上述专项物资，用于建造仓库。

（3）领用本单位生产的水泥一批用于工程建设，该批水泥的成本为2万元，税务部门核定的计税价格为2.8万元，适用的增值税税率为17%。

（4）领用本单位外购的原材料一批用于工程建设，原材料的实际成本为1万元，应负担的增值税税额为0.17万元。

（5）1月至3月，应付工程人员工资3万元，用银行存款支付其他费用1.8万元。

（6）3月31日，该仓库达到预定可使用状态，估计可使用20年，估计净残值率为5%，采用年限平均法计提折旧。

要求：

（1）计算该仓库的入账价值。

（2）编制与上述业务相关的会计分录。

（3）计算2017年度该仓库应计提的折旧额。

任务 2 固定资产的后续计量

一、判断题（正确的打"√"，错误的打"×"）

1.一项固定资产提足折旧后，其账面价值一定是零。 （ ）

2.企业购建的已达到预定可使用状态，但尚未办理竣工结算的固定资产，不计提折旧。 （ ）

3.对于已达到预定可使用状态，但尚未办理竣工决算的固定资产，待办理竣工决算后，若实际成本与原暂估价值存在差异的，调整固定资产的入账价值，同时应调整已计提折旧。 （ ）

4.企业在采用年限平均法计提固定资产折旧时，是按照月初在用固定资产的账面原值乘以月折旧率计算的。 （ ）

5.固定资产提足折旧后，不论是否继续使用，均不再计提折旧；提前报废的固定资产，也不再补提折旧。 （ ）

6.固定资产后续支出应全部计入固定资产的账面价值。 （ ）

7.经营租赁方式租入的固定资产的改良支出应资本化，计入固定资产账面价值。 （ ）

8.固定资产的日常修理费用，金额较小的通常不符合固定资产的确认条件，应在发生时直接计入当期损益，金额较大的采用预提或待摊的方式处理。 （ ）

9.固定资产更新改造支出不满足固定资产确认条件的，也应在发生时直接计入当期损益。 （ ）

10.生产车间发生的固定资产修理费应当计入制造费用。 （ ）

二、不定项选择题（每题至少有一个正确答案，请将正确答案填在括号内）

1.和年限平均法相比，采用年数总和法对固定资产计提折旧将使（ ）。

A.计提折旧的初期，企业利润减少，固定资产净值减少

B.计提折旧的初期，企业利润增加，固定资产原值减少

C.计提折旧的后期，企业利润减少，固定资产净值减少

D.计提折旧的后期，企业利润增加，固定资产原值减少

2.按照《企业会计准则第4号——固定资产》规定，下列固定资产应计提折旧的有（ ）。

A.未使用的机器设备 B.大修理停用的机器设备

C.正在改扩建的房屋 D.融资租入的设备

3.影响固定资产折旧计提的主要因素有（ ）。

A.固定资产的原价 B.固定资产的预计使用寿命

C.固定资产的预计净残值 D.固定资产减值准备

4.企业计提固定资产折旧时，下列会计分录正确的有（ ）。

A.计提行政管理部门固定资产折旧：借记"管理费用"账户，贷记"累计折旧"账户

B.计提生产车间固定资产折旧：借记"制造费用"账户，贷记"累计折旧"账户

C.计提专设销售机构固定资产折旧：借记"销售费用"账户，贷记"累计折旧"账户

D.计提不需用固定资产折旧：借记"管理费用"账户，贷记"累计折旧"账户

5.下列固定资产的折旧方法中，更能体现谨慎性原则的有（　　　）。

　A.年限平均法　　　　　　　　　　B.工作量法

　C.年数总和法　　　　　　　　　　D.双倍余额递减法

6.甲企业对一项原值为320万元、已提折旧150万元的固定资产进行改建，发生改建支出185万元，取得变价收入15万元。则改建后该项固定资产的入账价值是（　　　）万元。

　A.490　　　　　　B.340　　　　　　C.505　　　　　　D.355

7.固定资产的后续支出可能计入的科目有（　　　）。

　A."管理费用"　　　B."在建工程"　　　C."销售费用"　　　D."财务费用"

8.下列关于固定资产后续支出的说法正确的有（　　　）。

A.固定资产的后续支出是指固定资产在使用过程中发生的更新改造支出、修理费用等

B.固定资产的更新改造中，如有被替换的部分，应同时将被替换部分的账面余额从该固定资产原账面价值中扣除

C.企业生产车间发生的不可资本化的后续支出，如发生的固定资产日常修理费用，计入"制造费用"账户

D.企业专设销售机构发生的不可资本化的后续支出，计入"销售费用"账户

9.下列各项中，可以对固定资产的账面价值进行调整的有（　　　）。

　A.对机器设备进行大修理　　　　　　B.对房屋进行改扩建

　C.对融资租入固定资产进行改良　　　D.对经营租入固定资产进行改良

10.下列允许资本化的支出有（　　　）。

　A.机器设备的安装费　　　　　　　　B.自建厂房建筑工程人员的工资

　C.固定资产改良支出　　　　　　　　D.进口设备缴纳的关税

三、核算与分析题

1.众诚公司2015年12月31日购入不需要安装的生产设备一台，取得的增值税专用发票上列示：设备买价212万元，增值税36.04万元，运输费1.8万元，增值税0.198万元，款项全部付清。预计该设备的净残值为3.8万元，预计使用年限为5年。

要求：

（1）编制众诚公司购买固定资产的会计分录。

（2）分别采用年限平均法、年数总和法与双倍余额递减法计提折旧。

2.众诚公司上月固定资产原值的变动情况见表7-1。

表7-1　　　　　　　　　　　　　固定资产原值的变动情况　　　　　　　　　　　单位：元

固定资产类别	使用部门	上月月初	上月增加数	上月减少数
房屋建筑物				
A厂房	生产车间	2 500 000	300 000	
B办公楼	管理部门	10 800 000		
设备				
C设备	生产车间	780 000	180 000	62 000
D设备	生产车间	360 000	100 000	94 000
E设备	生产车间	480 000		68 000
累计		14 920 000	580 000	224 000

　　假定房屋建筑物的月分类折旧率为0.5%，设备的月分类折旧率为1%。

　　要求：计算上月及本月应计提的折旧额填入表7-2中，并编制本月计提折旧的会计分录。

表7-2　　　　　　　　　　　　众诚公司固定资产折旧计算表　　　　　　　　　　单位：元

固定资产类别	使用部门	上月月初	上月增加数	上月减少数	上月应提折旧额	本月应提折旧额
房屋建筑物						
A厂房	生产车间	2 500 000	300 000			
B办公楼	管理部门	10 800 000				
设备						
C设备	生产车间	780 000	180 000	62 000		
D设备	生产车间	360 000	100 000	94 000		
E设备	生产车间	480 000		68 000		
累计		14 920 000	580 000	224 000		

3.众诚公司的某项固定资产原价为1 020万元，采用年限平均法计提折旧，预计使用年限为10年，预计净残值为20万元。在第6年年初企业对该项固定资产的某一主要部件进行更换，发生支出合计350万元（不考虑相关税费），符合固定资产确认条件。更换工程结束转入生产用固定资产，被更换的部件的原价为400万元（假定不考虑残值）。

要求：

（1）计算更新改造后固定资产的入账价值。

（2）编制有关固定资产部件更换的会计分录。

4.众诚公司有关业务资料如下：

（1）2011年12月，该公司自行建成一条生产线并投入使用，建造成本为600 000元；采用年限平均法计提折旧；预计净残值率为固定资产原价的4%，预计使用年限为8年。

（2）2013年12月31日，由于生产的产品适销对路，现有这条生产线的生产能力已难以满足公司生产发展的需要，公司决定对现有生产线进行改扩建，以提高其生产能力。

（3）至2016年4月30日，完成了对这条生产线的改扩建工程，达到预定可使用状态。改扩建过程中发生以下支出：用银行存款购买工程物资一批，增值税专用发票上注明的价款为240 000元，增值税税额为40 800元，已全部用于改扩建工程，同时发生有关人员薪酬76 000元。

（4）该生产线改扩建工程达到预定可使用状态后，大大地提高了生产能力，预计尚可使用年限为8年，假定改扩建后的生产线的预计净残值率为改扩建后其账面价值的5%，折旧方法仍为年限平均法。

要求：

（1）计算众诚公司改扩建后生产线的成本。

（2）根据上述资料编制有关固定资产改扩建的会计分录。

（3）计算2016年应计提的折旧额。

任务3　固定资产处置和清查的核算

一、判断题（正确的打"√"，错误的打"×"）

1. "固定资产清理"账户的借方登记清理固定资产的账面价值和清理费用。　　（　　　）

2.属于生产经营期间发生的固定资产清理净收益，计入营业外收入。（　　）

3.属于筹建期间发生的固定资产清理净损失，计入长期待摊费用。（　　）

4.盘亏固定资产的净损失应当转入"营业外支出"账户。（　　）

5.企业盘盈、盘亏的固定资产，在报经批准处理前，一律通过"待处理财产损溢"账户核算。（　　）

二、不定项选择题（每题至少有一个正确答案，请将正确答案填在括号内）

1.企业转让一台设备，取得价款60万元，增值税10.2万元，发生清理费用2万元（增值税普通发票）。该设备原值为62万元，已提折旧10万元。假定不考虑其他因素，出售该设备影响当期损益的金额为（　　）万元。

A.6.2　　　　　　B.16.2　　　　　　C.6　　　　　　D.0

2.下列固定资产的处置中，需要通过"固定资产清理"核算的事项有（　　）。

A.报废、毁损固定资产　　　　　　B.盘亏固定资产

C.出售固定资产　　　　　　D.对外捐赠转出固定资产

3.由于自然灾害等原因造成的在建工程报废或毁损，减去残料价值和过失人或保险公司等赔款后的净损失，应借记的会计科目是（　　）。

A."在建工程"　　　　　　B."待处理财产损溢"

C."营业外支出"　　　　　　D."固定资产清理"

4.公司进行盘点时，发现有一台使用中的机器设备未入账，该型号机器设备存在活跃市场，市场价格为800万元，该机器八成新。其正确的会计处理是（　　）。

A.贷记"待处理财产损溢"账户800万元

B.贷记"以前年度损益调整"账户800万元

C.贷记"待处理财产损溢"账户640万元

D.贷记"以前年度损益调整"账户640万元

5.通过"固定资产清理"账户核算的处置固定资产的净损益，可能转入的账户有（　　）。

A."销售费用"

B."营业外支出——处置非流动资产损失"

C."营业外支出——非常损失"

D."营业外收入——处置非流动资产利得"

三、核算与分析题

1.众诚公司出售一幢建筑物，原价480万元，已计提折旧60万元，出售的价格为450万元，增值税税率为17%。假定不考虑除增值税外的其他税费。

要求：编制出售建筑物的会计分录。

2.2016年12月31日，众诚公司一台使用期满、已提足折旧的设备报废，经批准转入清理。该设备原始价值为84万元，已提折旧81.48万元。增值税专用发票列示：清理费用3 500元，增值税210元；残值收入28 000元，增值税4 760元，均以银行存款收付。清理工作结束。

要求：编制设备清理相关的会计分录。

3.2016年12月31日，众诚公司对固定资产进行清查，清查结果如下：

（1）盘亏设备一台，该设备原价为20万元，已计提折旧12万元，增值税进项税额为3.4万元。经董事会批准后转作营业外支出。

（2）盘盈汽车一辆，该汽车六成新，该汽车的市场价格为18万元。

要求：编制相关会计分录。

任务 4　固定资产减值的核算

一、判断题（正确的打"√"，错误的打"×"）

1.固定资产的账面价值是指固定资产原值减去累计折旧后的余额，再减去固定资产减值准备的金额。　　　　　　　　　　　　　　　　　　　　　　　　（　　）

2.按照《企业会计准则》的规定，对于计提的固定资产减值准备，在以后期间价值恢复时，不能将原已计提的减值准备恢复。　　　　　　　　　　　　　　（　　）

3.《企业会计准则第8号——资产减值》中的资产减值损失一经确认，在持有期间不可以转回，但是当企业相关资产处置或者用于债务重组偿债、非货币性资产交换等交易，同时符合资产终止确认条件的，应当将其减值准备予以转销。　　　　　　（　　）

4.如果企业计提了固定资产减值准备，则年末固定资产的账面价值等于可收回金额。
　　　　　　　　　　　　　　　　　　　　　　　　　　　　　　　　　（　　）

5.固定资产减值准备是影响固定资产折旧的因素之一。　　　　　　　　（　　）

二、不定项选择题（每题至少有一个正确答案，请将正确答案填在括号内）

1.依据《企业会计准则》的规定，下列情况中，可据以判断固定资产可能发生减值迹象的有（　　）。

A.固定资产在经营中所需的现金支出远远高于最初的预算

B.固定资产已经或者将被闲置、终止使用或者计划提前处置

C.固定资产的市价在当期大幅度下跌，其跌幅明显高于因时间的推移或者正常使用而预计的下跌

D.市场利率或者其他市场投资报酬率在当期已经下降，从而导致固定资产可收回金额大幅度降低

2.下列关于可收回金额的表述，正确的是（　　）。

A.可收回金额应当根据资产的公允价值与资产预计未来现金流量的现值两者之间较高者确定

B.可收回金额应当根据资产的公允价值减去处置费用后的净额与资产预计未来现金流量两者之间较高者确定

C.可收回金额应当根据资产的公允价值减去处置费用后的净额与资产预计未来现金流量的现值两者之间较高者确定

D.可收回金额应当根据资产的账面价值减去处置费用后的净额与资产预计未来现金流量的现值两者之间较高者确定

3.固定资产发生并确认减值后，下列情况中该减值可以予以转销的有（　　）。

A.以该资产对外投资时

B.以非货币性资产交换方式对外换出时

C.该资产未来可收回金额超过其账面价值时

D.债务重组中抵偿债务时

4.下列各项中，影响资产预计未来现金流量现值的有（　　）。

　　A.资产预计未来现金流量　　　　　　B.资产的使用寿命

　　C.折现率　　　　　　　　　　　　　D.资产未来持有期间的公允价值变动

5.下列项目中，属于确定资产可收回金额时应考虑的处置费用的有（　　）。

　　A.与资产处置有关的法律费用　　　　B.与资产处置有关的财务费用

　　C.与资产处置有关的搬运费　　　　　D.与资产处置有关的增值税

三、核算与分析题

1.2016年12月31日，众诚公司对购入的时间相同、型号相同、性能相似的甲类设备进行检查时发现，该类设备可能发生减值。该类设备的原始价值为12 000万元，已提折旧3 000万元。该类设备的公允价值总额为8 200万元，直接归属于该类设备的处置费用为200万元，尚可使用3年，预计其在未来2年内产生的现金流量分别为：4 000万元、3 000万元，第3年产生的现金流量以及使用寿命结束时处置形成的现金流量合计为2 000万元。在考虑相关因素的基础上，公司采用3%的折现率。

[(P/F，3%，1) =0.97087、(P/F，3%，2) =0.94260、(P/F，3%，3) =0.91514]

要求：

（1）计算该类设备的可收回金额。

（2）计算该类设备应计提的减值准备金额并编制相应的会计分录。

2.众诚公司的一台设备为2014年3月用银行存款购入，其增值税专用发票上列明价款680万元，进项税额115.6万元。2014年4月达到预定可使用状态，支付安装费50万元，增值税5.5万元。该设备预计使用寿命为10年，预计净残值为10万元，按年限平均法计提折旧。2015年12月31日该固定资产的可收回金额为560万元。假定计提减值准备后该固定资产的预计使用寿命、预计净残值均不变。

要求：

（1）计算该设备2015年12月31日应计提的减值准备金额并做出相应的会计处理。

（2）计算该设备2016年应计提的折旧额。

项目综合训练

1.众诚公司为增值税一般纳税人，适用的增值税税率为17%，有关资料如下：

（1）2010年6月，购入需要安装的生产用车床一台，增值税专用发票上注明的价款为102万元，增值税税额为17.34万元，货物运输增值税专用发票上注明的运输费为38 000元，增值税税额为4 180元，货款和运输费开出转账支票予以支付，设备已验收。

（2）2010年7月，该车床安装完毕达到预定可使用状态。安装过程中领用生产用材料4.8万元，该材料应承担的增值税为8 160元，安装工人的薪酬为1.2万元，用银行存款支付其他支出4 000元。该设备预计使用年限为10年，预计净残值为4.2万元，众诚公司采用年限平均法计提折旧。

（3）2012年12月31日，由于与该固定资产相关的经济因素发生了不利变化，致使其发生减值，众诚公司估计其可收回金额为77万元。假定计提减值准备后该固定资产的预计使用寿命、预计净残值均不变。

（4）2014年12月31日，众诚公司发现导致该固定资产2012年发生减值损失的不利因素已全部消失，且估计此时可收回金额为60万元。

（5）2020年7月31日，该车床使用期满，经批准转入清理。增值税专用发票列示：清理费用8 000元，增值税480元；残值收入35 000元，增值税5 950元，均以银行存款收付。清理工作结束。

要求：编制众诚公司从2010年买入设备到2020年固定资产清理结束的有关会计分录。

2.甲公司发生的有关固定资产业务如下：

（1）2015年12月20日，甲公司向乙公司一次购进三台不同型号且具有不同生产能力的A设备、B设备和C设备，共支付价款4 000万元，增值税680万元；运输费30万元，增值税3.3万元；另支付A设备安装费价税合计18万元，取得增值税普通发票，B、C设备不需要安装。同时，支付购置合同签订、差旅费等相关费用2万元，全部款项已由银行存款支付。

（2）2015年12月28日三台设备均达到预定可使用状态，三台设备的公允价值分别为2 000万元、1 800万元和1 200万元。该公司按每台设备公允价值的比例对支付的价款进行分配，并分别确定其入账价值。

（3）三台设备预计的使用年限均为5年，预计净残值率均为2%，均使用双倍余额递减法计提折旧。

（4）2016年3月份，支付A设备、B设备和C设备日常维修费用价税合计分别为1.2万元、0.5万元和0.3万元（增值税普通发票）。

（5）2016年12月31日，对固定资产进行减值测试，发现B设备实际运行效率和生产能力验证并未完全达到预计的状况，存在减值迹象，其预计可收回金额低于账面价值的差额为120万元，其他各项固定资产未发生减值迹象。

要求：根据上述资料，不考虑其他因素，分析回答下列第（1）－（6）小题：

（1）根据业务（1）、（2），下列各项关于固定资产取得的会计处理表述正确的是（　　）。

  A.固定资产应按公允价值进行初始计量

  B.支付的相关增值税税额不应计入固定资产的取得成本

  C.固定资产的取得成本与其公允价值差额应计入当期损益

  D.购买价款、运输费、安装费等费用应计入固定资产的取得成本

（2）根据业务（1）、（2），下列各项计算结果正确的是（　　）。

  A.A设备的入账价值为1 612万元

  B.B设备的入账价值为1 450.8万元

  C.C设备的入账价值为967.2万元

  D.A设备分配购进固定资产总价款的比例为40%

（3）根据业务（1）、（2），固定资产购置业务引起下列科目增减变动正确的是（　　）。

  A."银行存款"减少4 050万元

  B."管理费用"增加2万元

  C."制造费用"增加2万元

  D."应交税费——应交增值税（进项税额）"增加683.3万元

（4）根据业务（3），下列关于甲公司固定资产折旧表述正确的是（　　）。

  A.前3年计提折旧所使用的折旧率为40%

  B.A设备2016年度应计提的折旧额为652万元

  C.B设备2016年度应计提的折旧额为580.32万元

  D.计提前3年折旧额时不需要考虑残值的影响

（5）根据业务（4），甲公司支付设备日常维修费引起下列科目变动正确的是（　　）。

  A."固定资产"增加2万元

  B."管理费用"增加2万元

  C."在建工程"增加2万元

  D."营业外支出"增加2万元

（6）根据业务（5），甲公司计提资产减值准备对其利润表项目的影响是（　　）。

  A.资产减值损失增加120万元

B.营业利润减少120万元

C.利润总额减少120万元

D.净利润减少120万元

项目八　　投资性房地产的核算

任务 1 投资性房地产的初始计量

一、判断题（正确的打"√"，错误的打"×"）

1.企业自行建造房地产达到预定可使用状态后一段时间才对外出租或用于资本增值的，直接将其作为投资性房地产进行核算。　　　　　　　　　　　　　（　　）

2.企业以经营租赁方式租入的土地使用权再转租给其他单位的，不能确认为投资性房地产。　　　　　　　　　　　　　　　　　　　　　　　　　　　　　（　　）

3.企业的一幢4层建筑物，第1、2层出租给本企业职工居住，第3、4层作为办公区使用，并且该建筑物的各层均能单独计量和出售，这种情况下，企业应将第1、2层确认为投资性房地产。　　　　　　　　　　　　　　　　　　　　　　　　　　（　　）

4.按照国家有关规定，企业闲置的土地不属于投资性房地产。　　　　　（　　）

5.企业外购的房地产支付的增值税可以抵扣。　　　　　　　　　　　　（　　）

二、不定项选择题（每题至少有一个正确答案，请将正确答案填在括号内）

1.下列各项中，属于投资性房地产的是（　　　）。

　A.房地产企业开发的准备出售的房屋

　B.房地产企业开发的已出租的房屋

　C.企业持有的准备建造房屋的土地使用权

　D.企业以经营租赁方式租入的建筑物

2.下列各项中，属于投资性房地产的是（　　　）。

　A.企业拥有并自行经营的饭店　　　　　B.企业自用的办公楼

　C.房地产开发企业正在开发的商品房　　D.企业持有拟增值后转让的土地使用权

3.下列项目中，不属于投资性房地产的是（　　　）。

　A.企业已出租的建筑物

　B.已出租的房屋租赁期届满，收回后继续用于出租但暂时空置的房屋

　C.房地产企业持有并准备增值后出售的建筑物

　D.企业持有并准备增值后转让的土地使用权

4.2016年5月1日，甲公司购入一幢建筑物用于出租，取得的增值税专用发票上注明的价款为300万元，增值税为15万元，发生的契税为5万元，款项均以银行存款支付。购入该建筑物发生的谈判费用为0.2万元，差旅费为0.3万元，也以银行存款支付。该投资性房地产的入账价值为（　　　）万元。

　A.305　　　　　　B.300　　　　　　C.305.5　　　　　　D.5.5

5.下列项目中，不属于投资性房地产的有（　　　）。

　A.已出租的生产线

　B.持有并准备增值后转让的建筑物

　C.按照国家有关规定认定的闲置土地

D.经营租赁方式租入的建筑物再出租的

6.下列表述不正确的有（　　　）。

A.按照国家有关规定认定的闲置土地不属于持有并准备增值后转让的土地使用权

B.某项房地产部分用于出租，部分用于自用，能够区分的分开核算出租部分和自用部分

C.某项房地产部分用于出租，部分用于自用，不能区分的全部作为投资性房地产核算

D.某项房地产部分用于出租，部分用于自用，不能区分的全部作为自用房产核算

三、核算与分析题

1.2015年2月，甲公司从其他单位购入一块土地，并在这块土地上开始自行建造两栋厂房。2016年11月，甲公司预计厂房即将完工，与乙公司签订了经营租赁合同，将其中的一栋厂房租赁给乙公司使用。租赁合同约定，该厂房于完工时起租。2016年12月5日，两栋厂房同时完工。该块土地使用权的成本为9 000 000元；两栋厂房的实际造价均为12 000 000元，能够单独出售。假设甲公司的投资性房地产采用成本模式进行后续计量。

要求：依据上述资料，编制甲公司2016年12月5日的会计分录。

2.2016年6月，晋雅公司计划购入一栋写字楼用于对外出租，6月12日，该公司与乙企业签订了经营租赁合同，约定自写字楼购买之日起将该写字楼出租给乙企业，为期5年。6月20日，晋雅公司实际购入写字楼，增值税专用发票上注明的价款为2 500万元，增值税为125万元，款项已用银行存款转账支付。假定晋雅公司为增值税一般纳税人，其投资性房地产采用公允价值模式进行后续计量。

要求：依据上述资料，编制晋雅公司2016年6月20日的会计分录。

任务 2　投资性房地产的后续计量

一、判断题（正确的打"√"，错误的打"×"）

1.采用成本模式进行后续计量的投资性房地产，其后续计量原则与固定资产或无形资产相同。（　　）

2.采用成本模式进行后续计量的投资性房地产，在每期计提折旧和摊销时，折旧额或摊销额需计入"管理费用"账户。（　　）

3.投资性房地产采用公允价值模式进行后续计量的，不对投资性房地产计提折旧或进行摊销，应当以资产负债表日投资性房地产的公允价值为基础调整其账面价值，公允价值与原账面价值之间的差额计入其他业务成本或其他业务收入。（　　）

4.企业不论在成本模式下，还是在公允价值模式下，投资性房地产取得的租金收入，均确认为公允价值变动损益。（　　）

5.企业可随意选择成本模式或公允价值模式对投资性房地产进行后续计量。（　　）

二、不定项选择题（每题至少有一个正确答案，请将正确答案填在括号内）

1.某企业采用成本模式对投资性房地产进行后续计量。2016年6月10日该企业将达到预定可使用状态的自行建造的办公楼对外出租，该办公楼的建造成本为2 500万元，预计使用年限为30年，预计净残值为100万元。在采用年限平均法计提折旧的情况下，2016年该办公楼应计提的折旧额为（　　）万元。

A.80　　　　　　B.40　　　　　　C.0　　　　　　D.83.33

2.甲企业2016年1月1日外购一幢建筑物。该建筑物的买价（不含税）为400万元，以银行存款支付。该建筑物用于出租，年租金（含税）为42万元，增值税税率为5%。每年年初收取租金。该企业对此项投资性房地产采用公允价值模式进行后续计量。2016年12月31日，该建筑物的公允价值为430万元。2016年该项交易影响当期损益的金额为（　　）万元。

A.70　　　　　　B.40　　　　　　C.30　　　　　　D.50

3.企业对以公允价值模式进行后续计量的投资性房地产的核算，下列说法中不正确的是（　　）。

A.取得的租金收入计入"其他业务收入"账户

B.发生的折旧计入"其他业务成本"账户

C.应当缴纳的增值税计入"税金及附加"账户

D.发生的公允价值变动计入"公允价值变动损益"账户

4.下列关于投资性房地产的表述不正确的是（　　）。

A.投资性房地产发生减值迹象均要计提减值准备

B.投资性房地产后续计量可以采用成本模式或公允价值模式

C.同一企业只能采用一种模式对所有投资性房地产进行后续计量

D.企业对投资性房地产的计量模式一经确定，不得随意变更

5.某企业为从事房地产开发的企业。2016年1月3日，该企业将一栋写字楼出租给乙公司，当日该写字楼的账面价值和公允价值均为15 000万元。2016年12月31日，该写字楼的公允价值为15 900万元。该企业对投资性房地产采用公允价值模式进行后续计量。则下列表述正确的是（   ）。

A.该写字楼不需计提折旧

B.该写字楼公允价值的上升对当期损益的影响金额为900万元

C.转换日不会对当期损益有影响

D.如果公允价值不能可靠取得，应当将其转为成本模式计量

三、核算与分析题

1.甲公司将一栋办公楼出租给乙企业使用，已确认为投资性房地产，采用成本模式进行后续计量。假设这栋办公楼的成本为4 800万元，按照年限平均法计提折旧，预计使用寿命为20年，预计净残值为0。按照经营租赁合同，乙企业按月支付甲公司租金（含税）12.6万元，甲公司的增值税为简易征收，增值税税率为5%。2016年12月，这栋办公楼发生减值迹象，经减值测试，其可收回金额为1 000万元，此时办公楼的账面价值为1 200万元，以前未计提减值准备。

要求：

（1）编制甲公司2016年12月计提折旧的会计分录。

（2）编制甲公司2016年12月收取租金的会计分录。

（3）编制甲公司2016年12月计提减值准备的会计分录。

2.广厦公司为从事房地产经营开发的企业，2016年1月与乙公司签订租赁协议，约定将其开发的一栋精装修的写字楼于开发完成的同时开始租赁给乙公司使用，租赁期为10年，乙企业每年支付给广厦公司租金（含税）210万元，广厦公司的增值税为简易征收，增值税税率为5%。当年5月1日，该写字楼开发完成并开始出租，写字楼的造价为9 000万元。2016年6月30日，该写字楼的公允价值为9 200万元。2016年12月31日，该写字楼的公允价值为9 300万元。假设广厦公司采用公允价值计量模式。

要求：根据上述资料，编制广厦公司2016年的相关会计分录。

任务3 投资性房地产转换和处置的核算

一、判断题（正确的打"√"，错误的打"×"）

1.企业出售、转让或报废投资性房地产时，应当将处置收入扣除其账面价值和相关税费后的金额计入所有者权益。 （　　）

2.企业将自有资产转换为以公允价值模式进行后续计量的投资性房地产，处置时，应当将原记入"其他综合收益"账户的金额结转到"其他业务成本"账户中。 （　　）

3.投资性房地产采用成本模式计量，可以对其计提减值准备，但在持有期间该减值准备不得转回。 （　　）

4.在以成本模式计量的情况下，将作为存货的房地产转换为投资性房地产的，应按其在转换日的账面余额，借记"投资性房地产"科目，贷记"库存商品"等科目。
（　　）

5.自用房地产或存货转换为采用公允价值模式计量的投资性房地产时，投资性房地产应当按照转换当日的公允价值计量，公允价值与原账面价值的差额计入当期损益（其他业务收入）。 （　　）

二、不定项选择题（每题至少有一个正确答案，请将正确答案填在括号内）

1.甲公司将一写字楼转换为采用成本模式计量的投资性房地产，该写字楼的账面原值为2 500万元，已计提累计折旧50万元，已计提固定资产减值准备150万元，转换日的公允价值为3 000万元，下列说法正确的有（　　）。

A.投资性房地产的初始入账价值为3 000万元

B.投资性房地产的初始入账价值为2 500万元

C.投资性房地产累计折旧增加50万元

D.公允价值变动损益贷方增加750万元

2.2016年7月1日将部分已经开发完成作为存货的房地产转换为经营性出租,以公允价值模式进行后续计量,承租方为丁公司。该项房地产总价值为8 000万元,其中用于出租部分的价值为2 500万元,2016年7月1日公允价值为2 800万元。下列说法中,正确的有(　　　)。

A.转换日该投资性房地产的初始入账价值为2 800万元

B.转换日该投资性房地产的初始入账价值为2 500万元

C.转换日确认其他综合收益300万元

D.转换日确认公允价值变动损益300万元

3.下列关于成本计量模式下企业处置投资性房地产的会计处理的说法中,正确的有(　　　)。

A.应使用"投资性房地产清理"账户

B.应按实收金额贷记"其他业务收入"账户

C.应按投资性房地产的账面价值借记"其他业务成本"账户

D.应将实收金额与投资性房地产账面价值之间的差额计入营业外收支

4.企业处置一项以成本模式计量的投资性房地产,实际收到的金额为70万元,投资性房地产的账面余额为120万元,累计计提的折旧金额为60万元,计提的减值准备金额为20万元。假设不考虑相关税费,处置该项投资性房地产的净收益为(　　　)万元。

A.30　　　　　　　　B.20　　　　　　　　C.40　　　　　　　　D.10

5.甲公司2014年1月1日外购一建筑物,含税买价为400万元,该建筑物用于出租,年租金为30万元,每年年初收取。甲公司采用公允价值模式对其进行后续计量。2014年12月31日该建筑物的公允价值为420万元,2015年12月31日该建筑物的公允价值为410万元,2016年6月1日甲公司出售该建筑物,不含增值税的售价为410万元,假定不考虑其他相关税费,处置时影响损益的金额合计是(　　　)万元。

A.0　　　　　　　　B.10　　　　　　　　C.20　　　　　　　　D.30

6.处置采用公允价值模式计量的投资性房地产时,下列说法正确的是(　　　)。

A.应将确认的投资性房地产累计公允价值变动金额转入其他业务成本,从而影响当期营业利润

B.应将原来在转换日计入公允价值变动损益的金额转入其他业务成本,从而影响当期营业利润

C.应将确认的投资性房地产累计公允价值变动损益的金额转入其他业务成本,但不影响当期营业利润

D.对于投资性房地产的累计公允价值变动金额,在处置时不需要进行会计处理

三、核算与分析题

1.晋元公司拥有一栋办公楼。2016年3月10日,与乙公司签订了经营租赁协议,将该

办公楼整体出租给乙公司使用，租赁开始日为2016年6月1日，为期5年。2016年6月1日，该办公楼的账面余额为4 000万元，已提折旧600万元。假设晋元公司对投资性房地产采用成本模式进行后续计量。

要求：

（1）依据上述资料，编制晋元公司2016年6月1日的会计分录。

（2）假设晋元公司对投资性房地产采用公允价值模式进行后续计量。2016年6月1日，该办公楼的公允价值为3 500万元，请编制晋元公司2016年6月1日的会计分录。

2.艾华公司将其出租的一栋写字楼确认为投资性房地产，采用成本模式进行后续计量。2016年7月25日租赁期满，艾华公司将该写字楼出售给乙公司，增值税采用简易征收，增值税专用发票上注明的价款为25 600万元，增值税为1 280万元，乙公司已用银行存款付清上述价款。出售时，该写字楼的账面余额为25 000万元，已提折旧5 000万元。

要求：根据上述资料，编制艾华公司处置投资性房地产时的相关会计分录。

3.汇博公司为一家房地产开发企业，2015年3月10日，与乙企业签订了租赁协议，将其开发的一栋写字楼出租给乙企业使用，租赁开始日为2015年4月15日。2015年4月15日，该写字楼的账面余额为42 000万元，公允价值为45 000万元。2015年12月31日，该项投资性房地产的公允价值为46 000万元。2016年6月租赁期届满，企业收回该项投资性房地产并出售，增值税采用简易征收，增值税专用发票上注明的价款为42 500万元，增值税为2 125万元，款项已收讫。汇博公司采用公允价值模式计量投资性房地产。

要求：根据上述资料，编制汇博公司处置投资性房地产时的相关会计分录。

项目综合训练

1.2015年12月18日，华夏公司外购一栋写字楼，该写字楼的成本为30 000万元，预计使用年限为30年，预计净残值为0，采用年限平均法计提折旧。当日华夏公司与乙公司签订租赁合同，将该写字楼整体出租给乙公司，租期为2年，年租金为1 000万元（含税），增值税采用简易征收办法，增值税税率为5%，每年年初支付。2015年12月31日为租赁期开始日。华夏公司采用成本模式对投资性房地产进行后续计量。

要求：

（1）编制2015年、2016年华夏公司投资性房地产业务的相关会计分录。

（2）计算2016年年末华夏公司在资产负债表"投资性房地产"项目中列示的金额。

（3）假定租赁期满后华夏公司将其出售，（不含税）售价为29 500万元，增值税采用简易征收办法，增值税为1 475万元。编制有关租赁期满后将写字楼出售的会计分录。

（4）计算处置时影响损益的金额。

2.艾丽公司采用公允价值模式计量投资性房地产。有关资料如下：

（1）2017年1月1日，艾丽公司与乙公司签订协议，将同日外购的写字楼出租给乙公司，租期为3年，每年租金为500万元，于年初收取，2017年1月1日为租赁开始日，2019年12月31日到期。该写字楼的实际购买价款为9 000万元，增值税为990万元。各年1月1日均收到租金。

（2）2017年12月31日，该投资性房地产的公允价值为12 000万元。

（3）2018年12月31日，该投资性房地产的公允价值为17 000万元。

（4）2019年12月31日租赁协议到期。艾丽公司与乙公司达成协议，将该写字楼出售，价款为20 000万元，增值税为2 200万元，款项已收到并存入银行。

要求：

（1）编制艾丽公司上述投资性房地产业务相关的会计分录。

（2）计算处置该投资性房地产时影响损益的金额。

项目九　无形资产和其他资产的核算

任务 1 　无形资产的核算

一、判断题（正确的打"√"，错误的打"×"）

1.企业自行设计并注册使用的商标权属于无形资产。　　　　　　　　　　　（　　）

2.使用寿命有限的无形资产的残值一般视为零。　　　　　　　　　　　　　（　　）

3.企业的无形资产都必须进行摊销。　　　　　　　　　　　　　　　　　　（　　）

4.无形资产摊销时，当月增加的无形资产不进行摊销，当月减少的无形资产要进行摊销。　　　　　　　　　　　　　　　　　　　　　　　　　　　　　　　　（　　）

5.对使用寿命有限的无形资产，如果无法确定其预期实现方式的，应当采用年限平均法摊销。　　　　　　　　　　　　　　　　　　　　　　　　　　　　　　　　（　　）

6.在企业的无形资产研发过程中，开发阶段发生的支出应全部资本化，计入无形资产成本。　　　　　　　　　　　　　　　　　　　　　　　　　　　　　　　　　（　　）

7.使用寿命不确定的无形资产应按10年摊销。　　　　　　　　　　　　　（　　）

8.无形资产的摊销一定会影响当期损益。　　　　　　　　　　　　　　　　（　　）

9.无形资产减值损失一经确认，在以后持有期间不得转回。　　　　　　　　（　　）

10.需要摊销的无形资产已计提减值准备后，在接下来的期间内每期的摊销金额与计提减值准备前每期的摊销金额是相等的。　　　　　　　　　　　　　　　　　（　　）

二、不定项选择题（每题至少有一个正确答案，请将正确答案填在括号内）

1.下列各项中属于无形资产特点的有（　　）。

　A.不具有实物形态

　B.给企业带来的未来经济利益具有不确定性

　C.具有可辨认性

　D.属于非货币性资产

2.下列各项中属于无形资产的有（　　）。

　A.专利权　　　　　　　B.土地使用权　　　　C.商誉　　　　　D.著作权

3.企业已经开发无形资产发生的研发支出，满足资本化条件的，在研究开发项目达到用途形成无形资产时，应借记（　　）科目。

　A."研发支出——资本化支出"　　　　　B."研发支出——费用化支出"

　C."管理费用"　　　　　　　　　　　　D."无形资产"

4.企业选择无形资产的摊销方法，应当反映与该无形资产有关的（　　）。

　A.经济利益的预期实现方式　　　　　　B.无形资产的类别

　C.无形资产的成本　　　　　　　　　　D.无形资产的取得方式

5.无形资产的账面价值是无形资产的（　　）。

　A.账面余额扣除累计摊销后的金额

　B.账面余额扣除累计摊销和当期计提的减值准备后的金额

C.账面余额扣除当期摊销和当期计提的减值准备后的金额

D.账面余额扣除累计摊销和累计减值准备后的金额

6.下列各项中属于无形资产摊销可能记入的科目有（　　　）。

A."制造费用"　　　　　　　　　　B."管理费用"

C."其他业务成本"　　　　　　　　D."研发支出"

7.2016年1月20日，甲公司自行研发的某项非专利技术已经达到预定可使用状态，累计开发支出为250万元（其中符合资本化条件的支出为200万元），但使用寿命不能合理确定。2016年12月31日，该项非专利技术的可收回金额为180万元。假定不考虑相关税费，甲公司应就该非专利技术计提的减值准备为（　　　）万元。

A.20　　　　　　B.70　　　　　　C.100　　　　　　D.150

8.下列各项中，会引起无形资产账面价值发生增减变动的有（　　　）。

A.对无形资产计提减值准备　　　　B.发生无形资产后续支出

C.摊销无形资产　　　　　　　　　D.转让无形资产所有权

9.甲公司2011年1月1日购入一项无形资产。该无形资产的实际成本为500万元，摊销年限为10年。2015年12月31日，该无形资产发生减值，预计可收回金额为180万元。计提减值后，该无形资产的摊销年限不变。2016年12月31日，该无形资产的账面余额为（　　　）万元。

A.270　　　　　　B.214　　　　　　C.114　　　　　　D.500

10.企业计提无形资产减值准备应编制的会计分录为（　　　）。

A.借记"管理费用"账户，贷记"无形资产减值准备"账户

B.借记"资产减值损失"账户，贷记"无形资产减值准备"账户

C.借记"管理费用"账户，贷记"无形资产"账户

D.借记"资产减值损失"账户，贷记"无形资产"账户

11.下列各项中，会引起无形资产账面价值发生增减变动的有（　　　）。

A.对无形资产计提减值准备

B.企业内部研究开发项目研究阶段发生的支出

C.摊销无形资产成本

D.企业内部研究开发项目开发阶段的支出不满足无形资产确认条件

12.下列关于无形资产摊销的表述不正确的有（　　　）。

A.企业取得的无形资产均应当在取得当月开始摊销

B.无形资产的合同有效期大于法律规定使用期限的按照合同期限进行摊销

C.无形资产摊销只能采用年限平均法

D.无形资产摊销时不必考虑净残值

13.2016年2月5日，增值税一般纳税人甲公司以1 800万元的价格从产权交易中心竞价获得一项专利权，另按价款的6%支付增值税。为推广由该专利权生产的产品，甲公司发生宣传广告费25万元、展览费15万元，上述款项均以银行存款支付。甲公司取得该无形资产的入账价值为（　　　）万元。

A.1 800　　　　　　B.1 908　　　　　　C.1 840　　　　　　D.1 948

14.下列关于无形资产的会计处理的表述中，正确的是（　　　）。

A.当月增加的使用寿命有限的无形资产从下月开始摊销

B.无形资产摊销方法应反映其经济利益的预期实现方式

C.价款具有融资性质的无形资产以总价款确定初始成本

D.使用寿命不确定的无形资产应采用年限平均法按10年摊销

15.下列关于无形资产的会计处理的表述中，正确的有 （　　）。

A.自用的土地使用权应确认为无形资产

B.使用寿命不确定的无形资产应每年进行减值测试

C.无形资产均应确定预计使用年限并分期摊销

D.用于建造厂房的土地使用权的账面价值应计入所建厂房的建造成本

三、核算与分析题

1.众诚公司为增值税一般纳税人，2016年12月份发生有关无形资产的经济业务如下：

（1）通过技术市场购入一项专利权，增值税专用发票列示：价款30万元，税款1.8万元。注册费、律师费等1.2万元，价款均以银行存款支付，该项专利权购入后立即投入使用。

（2）接受甲公司以某项商标权向本公司投资，双方协商确认的价值为15万元。投资方开具了增值税专用发票，价款141 509元，税款8 491元。该项商标权已投入使用。

（3）公司内部研发专利权取得成功并已申请取得专利权，本月发生开发费用共计9万元，符合资本化条件，其中领用库存原材料5万元，应付研发人员工资3万元，以银行存款支付其他费用1万元，该专利权从2016年年初进入开发阶段，到2016年年末累计发生资本化支出90万元，已达到预定可使用状态并申请专利成功。

（4）公司出租商标权取得收入4万元（含增值税，增值税税率为6%）存入银行，以银行存款支付出租无形资产的相关费用1万元。

要求：根据上述经济业务编制2016年12月份有关无形资产业务的会计分录（不考虑由缴纳增值税引起的应交城建税等）。

2.众诚公司2012年1月1日以银行存款300万元购入一项专利权，取得时入账价值为300万元。该无形资产的预计使用年限为10年。2015年年末预计该无形资产的可收回金额为100万元。2013年1月该公司内部研发成功一项非专利技术并达到预定可使用状态。该非专利技术作为无形资产，其入账价值为150万元，当时无法预见这一非专利技术为企业带来未来经济利益的期限，2015年年末预计其可收回金额为130万元，预计该非专利技术尚可继续使用4年，该企业按年摊销无形资产。

要求：针对上述无形资产计算该企业2015年应计提的减值准备金额和2016年无形资产摊销金额，并编制2015年计提减值准备和2016年计提摊销的会计分录。

3.2016年1月1日，众诚公司将其拥有的一项无形资产（专利权）出售，售价60万元，另按6%收取增值税。全部款项已通过银行收取。出售前该专利权的初始成本为100万元，累计摊销为50万元，已计提减值准备2万元。

要求：

（1）根据上述资料，做出该企业处置该项无形资产的会计处理。

（2）假定出售价格为40万元，另按6%收取增值税，做出相应的会计处理。

任务 2 其他资产的核算

一、判断题 (正确的打 "√",错误的打 "×")

1.大修理费用如果金额达到一定的标准,可以计入长期待摊费用。 (   )

2.经营租入固定资产的改良支出应当在发生时计入当期损益。 (   )

3.融资租入固定资产的改良支出应当在发生时计入长期待摊费用。 (   )

4.企业的长期待摊费用如果不能使以后会计期间受益的,应将其摊余价值全部转入当期损益。 (   )

5.其他资产属于非流动资产,应当列示在资产负债表的 "其他非流动资产" 项目中。 (   )

二、不定项选择题 (每题至少有一个正确答案,请将正确答案填在括号内)

1.下列银行存款中属于其他资产的有 (   )。

A.信用卡存款   B.信用证存款

C.银行冻结存款   D.涉及诉讼的银行存款

2.企业摊销长期待摊费用时,应借记的科目有 (   )。

A."管理费用"   B."制造费用"   C."销售费用"   D."财务费用"

3.下列各项支出中应计入长期待摊费用的有 (   )。

A.经营租赁设备的改良支出   B.自有设备的改良支出

C.企业发生的设备大修理支出   D.经营租入办公楼的装修费

4.企业在筹建期间发生的费用,应借记的科目有 (   )。

A."管理费用"   B."长期待摊费用"

C."固定资产"   D."销售费用"

5.下列项目中,应列示在资产负债表 "长期待摊费用" 项目的有 (   )。

A.年初支付当年的保险费   B.预付未来三年的房屋租赁费

C.固定资产大修理支出   D.预付广告制作费

三、核算与分析题

2016年6月开始,众诚公司对其以经营租赁方式新租入的办公楼进行装修,发生以下有关支出:领用生产用材料58.5万元;辅助生产车间转来劳务结算单,为该装修工程提供的劳务支出为18万元;其他有关人员工资等职工薪酬为43.5万元。2016年11月30日,该办公楼装修完工,达到预定可使用状态并交付使用,按租赁期10年开始摊销。

要求:假定不考虑其他因素,根据上述资料编制当年相应业务的会计分录。

项目综合训练

众诚公司为增值税一般纳税人，2014年度至2016年度发生的与无形资产有关的业务如下：

（1）2014年1月10日，众诚公司开始自行研发一项行政管理用非专利技术（人脸识别系统），以用于出租或转让。截至2014年5月31日，用银行存款支付外单位协作费74万元，领用材料成本26万元。此时经测试，该项研发活动已完成研究阶段。

（2）2014年6月1日研发活动开始进入开发阶段。该阶段发生研发人员的薪酬支出35万元，领用材料成本85万元，全部符合资本化条件。2014年12月1日，该项研发活动结束，最终开发形成一项非专利技术并投入使用。该非专利技术预计可使用5年，预计净残值为0，采用年限平均法摊销。

（3）2015年1月1日，众诚公司将该非专利技术出租给乙企业单独使用，双方约定租赁期限为2年，每月月末以银行转账结算方式收取租金1.5万元。

（4）2016年12月31日，租赁期限届满。经减值测试，该非专利技术的可收回金额为52万元。

要求：根据上述资料，不考虑其他因素，分析回答下列（1）—（5）小题：

（1）根据业务（1）和（2），众诚公司自行研究开发无形资产的入账价值是（   ）万元。

    A.100　　　　　　B.120　　　　　　C.146　　　　　　D.220

（2）根据业务（1）—（3），下列各项中，关于众诚公司该非专利技术摊销的会计处理表述正确的是（   ）。

    A.应当自可供使用的下月起开始摊销

    B.应当自可供使用的当月起开始摊销

    C.该非专利技术出租前的摊销额应计入管理费用

    D.摊销方法应当反映与该非专利技术有关的经济利益的预期实现方式

（3）根据业务（3），众诚公司2015年1月出租无形资产和收取租金的会计处理正确的是（   ）。

    A.借：其他业务成本　　　　　　　　　　　　　　　　20 000

        贷：累计摊销　　　　　　　　　　　　　　　　　　　　　20 000

B.借：管理费用 20 000

贷：累计摊销 20 000

C.借：银行存款 15 000

贷：其他业务收入 15 000

D.借：银行存款 15 000

贷：营业外收入 15 000

（4）根据业务（4），众诚公司2016年年末该非专利技术的减值金额是（　　）万元。

A.0　　　　　　　B.18　　　　　　　C.20　　　　　　　D.35.6

（5）根据业务（1）—（4），众诚公司 2016 年 12 月 31 日在资产负债表"无形资产"项目中列示的金额为（　　）万元。

A.52　　　　　　B.70　　　　　　C.72　　　　　　D.88

项目十　　　　流动负债的核算

任务 1　短期借款的核算

一、判断题（正确的打"√"，错误的打"×"）

1. 短期借款利息在预提或实际支付时均应通过"短期借款"科目核算。　　　　（　　）

2. "短期借款"账户，核算短期借款本金和利息的发生及偿还情况。　　　　（　　）

3. 短期借款利息属于筹资费用，应于发生时直接计入当期财务费用。　　　　（　　）

二、不定项选择题（每题至少有一个正确答案，请将正确答案填在括号内）

1. 某公司2016年7月1日向银行借入资金60万元，期限6个月，年利率为6%，到期还本，按月计提利息，按季付息。该企业7月31日应计提的利息为（　　）万元。

　　A.0.3　　　　　　　B.0.6　　　　　　　C.0.9　　　　　　　D.3.6

2. 核算短期借款利息时，可能涉及的会计科目有（　　）。

　　A."应付利息"　　B."财务费用"　　C."银行存款"　　D."短期借款"

3. 企业计提短期借款利息时，应贷记的账户是（　　）。

　　A."短期借款"　　B."管理费用"　　C."财务费用"　　D."应付利息"

三、核算与分析题

晋华公司于2016年1月1日向银行借入12万元的短期借款，期限的9个月，年利率为8%，该借款到期后如数归还，利息分月预提，按季支付。

要求：根据上述经济业务编制相关会计分录。

任务 2　　应付及预收款项的核算

一、判断题（正确的打"√"，错误的打"×"）

1.应付账款附有现金折扣的，应按照扣除现金折扣后的应付账款余额入账。（　　）

2.企业转销确实无法支付的应付账款，应按其账面余额计入资本公积。（　　）

3.在我国会计实务中，不论是带息的应付票据，还是不带息的应付票据，一律按票据的面值记账。（　　）

4.企业开出、承兑的带息票据应于期末计算应付利息，借记"财务费用"账户，贷记"应付票据"账户。（　　）

5.预收货款业务不多的企业，可以不设置"预收账款"账户，其所发生的预收货款，可通过"应付账款"账户核算。（　　）

二、不定项选择题（每题至少有一个正确答案，请将正确答案填在括号内）

1.A公司向B公司购买商品1 000件，价目单标价为每件100元。B公司给A公司20%的商业折扣，付款条件为"2/10，1/15，N/30"。A公司在购买后第12天付款，A公司应付（　　）元（计算现金折扣时不考虑增值税）。

A.93 600　　　　　　B.91 600　　　　　　C.95 600　　　　　　D.92 800

2.因债权单位撤销或其他原因，企业无法或无需支付的应付款项应记入的账户是（　　）。

A."补贴收入"　　　　　　　　　　　B."资本公积"

C."营业外收入"　　　　　　　　　　D."公允价值变动损益"

3.下列各项应付未付款项中，应登记在"应付账款"账户贷方的有（　　）。

A.购买材料的货款　　　　　　　　　B.购买包装物而由供应方垫付的运杂费

C.委托加工物资的加工费　　　　　　D.应付水电费

4.某企业因采购商品开出3个月期限的商业票据一张。该票据的票面价值为40万元，票面利率为10%，该应付票据到期时，企业应支付的金额为（　　）元。

A.400 000　　　　　　B.440 000　　　　　　C.410 000　　　　　　D.415 000

5.企业开出并承兑的商业承兑汇票到期时，如无力支付，应在票据到期并未签发新的票据时，将"应付票据"账面余额（　　）。

A.转入"其他应付款"账户　　　　　　B.转入"应付账款"账户

C.转入"短期借款"账户　　　　　　　D.继续保留在"应付票据"账户

6.下列交易与事项中，应计入当期财务费用的有（　　）。

A.支付银行承兑汇票的手续费

B.开出带息票据

C.期末计算开出、承兑带息票据的应付利息

D.承兑带息票据

7.某企业预收货款的业务较多，当该企业收到购货单位补付的货款时，应（　　　）。

    A.借记"应收账款"账户　　　　　　B.贷记"应收账款"账户

    C.借记"预收账款"账户　　　　　　D.贷记"预收账款"账户

8."预收账款"账户贷方登记（　　　）。

    A.预收货款的数额

    B.企业向购货方发货后冲销的预收货款的数额

    C.购货单位补付货款的数额

    D.退回购货方多付货款的数额

三、核算与分析题

1.晋华公司2016年8月10日从凯盛公司购入甲材料一批，价款400 000元，增值税税率为17%，商品当日验收入库；付款条件为"2/10，1/30，N/60"。假定计算现金折扣时不考虑增值税。假定该公司于8月20日付款。

要求：编制晋华公司上述业务的会计分录。

2.晋华公司2016年4月30日向凯盛公司采购原材料，收到的增值税专用发票上列明价款为20 000元，增值税为3 400元，公司签发并承兑一张面值为23 400元、期限为6个月、年利率为8%的商业承兑汇票交给凯盛公司，材料已验收入库。

要求：

（1）编制4月30日向凯盛公司采购原材料的会计分录。

（2）编制6月30日计提利息的会计分录。

（3）编制10月31日到期付款的会计分录。

（4）2016年10月31日商业承兑汇票到期，若企业无力支付票款，请编制相应的会计分录。

3.晋华公司2016年6月接受凯盛公司一批订货，按合同规定，货款金额为400 000元，预计4个月完成。订货方预付货款50%，另50%货款待完工发货后再支付。该货物适用的增值税税率为17%。

要求：编制晋华公司上述业务的会计分录。

任务3 应付职工薪酬的核算

一、判断题（正确的打"√"，错误的打"×"）

1.企业为职工交纳的住房公积金不属于职工薪酬的范围，不通过"应付职工薪酬"账户核算。 （   ）

2.按照我国《企业会计准则》的规定，企业支付职工因公负伤赴外地就医路费、职工生活困难补助，属于应付职工薪酬的核算范畴。 （   ）

3.失业保险费应全部计入管理费用。 （   ）

4.职工薪酬中的工会经费应当根据职工提供服务的受益对象分别计入成本费用。 （   ）

5.车间管理人员的社会保险费应当计入管理费用。 （   ）

二、不定项选择题（每题至少有一个正确答案，请将正确答案填在括号内）

1.下列项目中，不属于职工薪酬的是（   ）。

　A.职工福利费　　　　　　　　　　　　B.职工出差报销的火车票

　　C.养老保险费　　　　　　　　　　　D.职工工资

2.下列内容属于职工薪酬的"职工"范畴的有（　　　）。

　　A.与企业订立劳动合同的全职人员　　B.与企业订立劳动合同的临时人员

　　C.企业正式任命的独立董事　　　　　D.与企业订立劳动合同的兼职人员

　　E.为企业提供清洁服务的人员

3.某企业支付给职工的计时工资为5万元，计件工资为15万元，综合奖为7万元，技术性津贴为2万元，生活困难补助为8 000元。该企业本期应付职工薪酬中的工资总额为（　　　）元。

　　A.31 0000　　　　　　B.298 000　　　　　　C.200 000　　　　　　D.290 000

4.企业作为福利为高管人员配备汽车。计提这些汽车的折旧时，应编制的会计分录是（　　　）。

　　A.借记"累计折旧"账户，贷记"固定资产"账户

　　B.借记"管理费用"账户，贷记"固定资产"账户

　　C.借记"管理费用"账户，贷记"应付职工薪酬"账户；同时借记"应付职工薪酬"账户，贷记"累计折旧"账户

　　D.借记"管理费用"账户，贷记"固定资产"账户；同时借记"应付职工薪酬"账户，贷记"累计折旧"账户

5.企业按照辞退计划条款的规定，合理预计并确认辞退福利产生的应付职工薪酬负债，同时全部计入（　　　）账户。

　　A."生产成本"　　　B."管理费用"　　　C."制造费用"　　　D."营业外支出"

6.企业从应付职工薪酬中扣还的个人所得税，贷记的账户是（　　　）。

　　A."应付职工薪酬"　　　　　　　　　B."应交税费——应交个人所得税"

　　C."银行存款"　　　　　　　　　　　D."其他应收款"

7.由生产产品、提供劳务负担的职工薪酬，应当（　　　）。

　　A.计入管理费用　　　　　　　　　　B.计入存货成本或劳务成本

　　C.确认为当期费用　　　　　　　　　D.计入销售费用

8.企业在无形资产研究阶段发生的职工薪酬，应当（　　　）。

　　A.计入当期管理费用　　　　　　　　B.计入在建工程成本

　　C.计入无形资产成本　　　　　　　　D.计入固定资产成本

9.下列项目中，应作为应付职工薪酬核算的有（　　　）。

　　A.支付的工会经费　　　　　　　　　B.支付的职工教育经费

　　C.为职工支付的住房公积金　　　　　D.为职工无偿提供的医疗保健服务

10.能够计入产品成本的职工薪酬是（　　　）。

　　A.车间管理人员的工资　　　　　　　B.在建工程人员的工资

　　C.专设销售机构人员的工资　　　　　D.企业管理部门人员的工资

三、核算与分析题

1.晋华公司2016年5月份有关职工薪酬的业务如下：

（1）按照工资总额的标准分配工资费用。工资费用分配表中列示的应付工资总额为

69 420元,其中:产品生产人员工资36 900元,车间管理人员工资3 140元,企业行政管理人员工资8 380元,专设销售机构人员工资2 000元,在建工程人员工资10 000元,内部研发人员工资9 000元(符合资本化条件)。

(2)公司职工住房公积金由企业负担50%,职工个人负担50%。企业为职工交纳的住房公积金,按职工工资总额的10%确定,职工个人负担部分由企业代扣代缴。

(3)按照职工工资总额的2%计提工会经费。

(4)按照职工工资总额的2.50%计提职工教育经费。

要求:编制晋华公司上述业务的会计分录。

2.甲公司为一家洗衣机生产企业，共有职工200名，其中生产工人180人，管理人员20人。2015年12月，公司决定将自己生产的洗衣机作为福利发放给公司每名职工。该洗衣机的单位成本为2 000元，售价为每台3 000元，公司适用的增值税税率为17%。

要求：编制甲公司上述业务的会计分录。

3.甲公司决定为公司的部门经理每人租赁住房一套，并提供轿车一辆，免费使用，所有轿车的月折旧额为10 000元，所有外租住房月租金费用为15 000元。

要求：编制甲公司上述业务的会计分录。

应交税费的核算

一、判断题（正确的打"√"，错误的打"×"）

1.某小规模纳税企业销售产品一批，所开出的普通发票中注明货款为30 900元，增值税征收率为3%，则其应纳增值税为927元。 （ ）

2.一般纳税人购入货物支付的增值税，均应先通过"应交税费"账户核算，然后再将

购入货物不能抵扣的增值税进项税额从"应交税费"账户转出。　　　　　　（　　）

3. 企业将生产的应税消费品用于在建工程时，按规定应缴纳的消费税，借记"在建工程"账户，贷记"应交税费——应交消费税"账户。　　　　　　　　　　　（　　）

4. 由于消费税是价内税，所以企业用应税消费品对外投资，或用于在建工程等方面，按规定应缴纳的消费税应记入"税金及附加"账户。　　　　　　　　　　（　　）

5. 企业应交的印花税、车船税、房产税应记入"税金及附加"账户。　　　　（　　）

二、不定项选择题（每题至少有一个正确答案，请将正确答案填在括号内）

1. 下列税费与企业损益无关的有（　　　）。

　　A. 城市维护建设说　　　　　　　　B. 消费税

　　C. 一般纳税企业的增值税销项税额　　D. 所得税

2. 某企业委托外单位加工物资一批，该批委托加工物资为应税消费品（非金银首饰）。该批物资收回后，直接用于出售。委托加工企业将受托单位代扣代缴的消费税记入（　　　）。

　　A. "应交税费——应交消费税"账户的借方

　　B. "应交税费——应交消费税"账户的贷方

　　C. "委托加工物资"账户的借方

　　D. "税金及附加"账户的借方

3. 某小规模纳税企业本期购入原材料并已验收入库，增值税专用发票记载原材料价格20 000元，增值税3 400元，该企业当期产品含税销售收入为309 000元，增值税征收率为3%，则该企业当期应交增值税为（　　　）元。

　　A.14 600　　　　　　B.9 000　　　　　　C.42 805　　　　　　D.46 205

4. 某企业将自己生产的煤炭用于生产车间一般消耗，按规定由此应缴纳的资源税应记入（　　　）科目。

　　A. "生产成本"　　B. "制造费用"　　C. "销售费用"　　D. "税金及附加"

5. 企业缴纳的下列税款，不需要通过"应交税费"账户核算的是（　　　）。

　　A. 消费税　　　　　B. 耕地占用税　　　C. 资源税　　　　　D. 印花税

6. 企业月末盘亏材料一批，实际成本为100 000元，增值税税额为17 000元，则其会计分录为（　　　）。

　　A. 借：管理费用　　　　　　　　　　　　　　　　　　　100 000

　　　　　贷：原材料　　　　　　　　　　　　　　　　　　　　　　100 000

　　B. 借：待处理财产损溢　　　　　　　　　　　　　　　　117 000

　　　　　贷：原材料　　　　　　　　　　　　　　　　　　　　　　100 000

　　　　　　　应交税费——应交增值税（进项税额转出）　　　　　17 000

　　C. 借：待处理财产损溢　　　　　　　　　　　　　　　　 83 000

　　　　　　应交税费——应交增值税（进项税额）　　　　　　17 000

　　　　　贷：原材料　　　　　　　　　　　　　　　　　　　　　　100 000

　　D. 借：待处理财产损溢　　　　　　　　　　　　　　　　 83 000

　　　　　　应交税费——应交增值税（进项税额转出）　　　　 17 000

　　　　贷：原材料　　　　　　　　　　　　　　　　　　　　　　　　　100 000

7.企业计算出应缴纳的消费税可能借记的账户有（　　　）。

　　A."其他业务成本"　　　　　　　　　　　B."税金及附加"

　　C."在建工程"　　　　　　　　　　　　　D."应付职工薪酬"

8.下列行为中，视同销售计算并缴纳增值税的项目有（　　　）。

　　A.购入货物发生非正常损失后报废　　　B.将自产货物用于在建工程

　　C.将自产货物用于对外投资　　　　　　D.将自产货物委托他人代销

9.对增值税一般纳税企业，下列各项业务中，需要转出进项税额的有（　　　）。

　　A.购进物资用于对外长期股权投资　　　B.购进物资发生非正常损失

　　C.购进物资生产的产品用于广告　　　　D.购进物资用于工程建设

10.企业城市维护建设税是以（　　　）为计税依据征收的一种税。

　　A.增值税　　　　B.消费税　　　　C.资源税　　　　D.所得税

11.下列应于发生时计入物资成本或生产成本的有（　　　）。

　　A.小规模纳税企业购入原材料已交的增值税

　　B.将自产煤炭用于本企业产品生产时缴纳的资源税

　　C.加工后用于连续生产的委托加工应税消费品受托方代扣代缴的消费税

　　D.加工后直接对外销售的委托加工应税消费品受托方代扣代缴的消费税

12.下列税费中，按规定于计算缴纳时计入"税金及附加"账户的有（　　　）。

　　A.城市维护建设税　　　　　　　　　　B.城镇土地使用税

　　C.车船税　　　　　　　　　　　　　　D.印花税

13.下列各项中，应计入有关成本的税费有（　　　）。

　　A.以产成品对外投资应交的增值税

　　B.在建工程使用本企业生产的产品应交的消费税

　　C.小规模纳税企业购入商品已交的增值税

　　D.出口商品不予退回的增值税部分

14.企业缴纳的各种税费中，按照税法规定，可以在净利润前扣除的有（　　　）。

　　A.消费税　　　　B.所得税　　　　C.房产税　　　　D.车船税

15.一般纳税企业委托其他单位加工物资收回后直接对外出售的，其发生的下列支出中，应计入委托加工物资成本的有（　　　）。

　　A.加工费　　　　　　　　　　　　　　B.增值税

　　C.发出材料的实际成本　　　　　　　　D.消费税

三、核算与分析题

1.晋华公司为增值税一般纳税人，适用的增值税税率为17%，本月发生以下经济业务，（月初"应交税费——未交增值税"贷方余额为25 000元）：

（1）购入原材料10万元，增值税专用发票上注明税款为17 000元，货款已付，材料已入库；

（2）销售商品40万元，增值税专用发票上注明税款为68 000元，货已发出，款项未收到；

（3）用银行存款缴纳当月增值税3万元，缴纳上月增值税25 000元。

要求：编制上述业务的会计分录及月终转出未交增值税的会计分录。

2.晋华公司为增值税一般纳税人，适用的增值税税率为17%，材料采用实际成本法进行日常核算。该公司2015年4月30日"应交税费——应交增值税"借方余额为1万元。该借方余额可用下月的销项税额抵扣。5月份发生如下涉及增值税的经济业务：

（1）购买原材料一批，增值税专用发票上注明价款为60万元，增值税为10.2万元，公司已开出承兑的商业汇票。该原材料已验收入库。

（2）用原材料对甲单位进行股权投资，取得甲单位30%的具有表决权资本。该批原材料的成本为30万元，公允价值为41万元，应缴纳的增值税为6.97万元。（假定投资时，投资成本大于享有甲单位可辨认净资产公允价值的份额）

（3）销售产品一批，销售价格为40万元（不含增值税），实际成本为32万元，提货单和增值税专用发票已交购货方，货款尚未收到。该销售符合收入确认条件。

（4）收购废旧物资一批，取得增值税专用发票，价款7.2万元，适用的增值税税率为17%，增值税为12 240元。

（5）月末盘亏原材料一批，该批原材料的实际成本为10万元，增值税为1.7万元。

（6）用银行存款缴纳本月增值税2.5万元。

（7）月末将本月应交未交增值税转入未交增值税明细账户。

要求：

（1）编制上述经济业务相关的会计分录（"应交税费"账户要求写出明细账户及专栏名称）。

（2）计算晋华公司5月份发生的销项税额、应交增值税额和应交未交增值税额（答案中的金额单位为万元）。

3.甲小规模纳税企业，本月购入原材料一批，增值税专用发票上注明的价款为20 000元，增值税为3 400元，企业开出一张商业承兑汇票，材料尚未到达。同期销售产品一批，含税价格为20 600元，增值税征收率为3%，货款尚未收到。月末以银行存款上交增值税。

要求：根据上述资料编制相关会计分录。

4.甲公司委托乙公司代为加工一批应交消费税的材料（非金银首饰），甲公司发出材料的总成本为200万元，加工费为40万元，由乙公司代收代缴的消费税为16万元，材料已加工完成，并由甲公司收回入库，加工费以及被代收代缴的消费税尚未支付，增值税税率为17%。

要求：

（1）假定甲公司收回的委托加工物资用于连续生产应税消费品，编制相应的会计分录。

（2）假定甲公司收回的委托加工物资直接对外销售，编制相应的会计分录。

应付股利及其他应付款的核算

一、判断题（正确的打"√"，错误的打"×"）

1. A公司租用某企业机器设备一台，交付租用押金时，应借记"银行存款"账户，贷记"其他应付款"账户。（　　）

2. 应付股利是指企业根据董事会或类似机构审议批准的利润分配方案确定应分配给投资者的现金股利或利润。（　　）

3. 企业股东大会审议批准的利润分配方案中应分配的现金股利，在支付前不作账务处理，但应在报表附注中披露。（　　）

4. 企业宣告分配股票股利，在正式办理增资手续以前，只需在备查簿中作相应登记，不需要作会计处理。（　　）

5. 企业董事会或类似机构通过的利润分配方案中拟分配的现金股利或利润，应确认为应付股利。（　　）

二、不定项选择题（每题至少有一个正确答案，请将正确答案填在括号内）

1. 下列各项业务中，应通过"其他应付款"科目核算的有（　　）。

　A.应付的租入包装物租金　　　　　　　B.应付的社会保险费

C.应付的客户存入保证金　　　　　　　D.应付的经营租入固定资产租金

2.下列各项中，应列入资产负债表"其他应付款"项目的是（　　　）。

　　A.应付的赔款和罚款　　　　　　　　B.应付融资租入固定资产租金

　　C.结转到期无力支付的应付票据　　　　D.应付由企业负担的职工社会保险费

3.下列各项中，不应通过"其他应付款"科目核算的是（　　　）。

　　A.应付的客户存入保证金

　　B.应付的因解除劳动合同而给予员工的经济补偿

　　C.应付的经营租入固定资产租金

　　D.应付租入包装物租金

4.某企业根据通过的利润分配方案确认应付给投资者的利润时，应贷记的账户是（　　　）。

　　A."利润分配——应付股利或利润"　　B."利润分配——应付利润"

　　C."应付股利"　　　　　　　　　　　D."其他应付款"

5.企业发放工资时扣收的职工房租应贷记的账户是（　　　）。

　　A."应付工资"　　　　　　　　　　　B."应付职工薪酬"

　　C."应付账款"　　　　　　　　　　　D."其他应付款"

三、核算与分析题

1.A公司有甲、乙两个股东，分别占注册资本的40%和60%。2015年度该公司实现净利润8 000万元，2016年3月6日董事会提出股利分配方案，分配2015年现金股利2 000万元。2016年4月6日经过股东大会批准，决定分配2015年现金股利2 000万元。2016年4月16日股利已经用银行存款支付。

要求：编制A公司的相关会计分录。

2.甲公司从2016年7月1日起，以经营租赁方式租入管理用办公设备一批，每月租金2万元，按季支付。9月30日，甲公司以银行存款支付应付租金。

要求：编制甲公司的相关会计分录。

项目综合训练

1.甲公司为增值税一般纳税人，适用的增值税税率为17%。2016年3月份发生与职工薪酬有关的交易或事项如下：

（1）对行政管理部门使用的设备进行日常维修，应付企业内部维修人员工资1.2万元。

（2）对以经营租赁方式租入的生产线进行改良，应付企业内部改良人员工资3万元。

（3）为25位总部部门经理每人提供一辆汽车免费使用，假定每辆汽车每月计提折旧0.08万元。

（4）将50台自己生产的V型厨房清洁器作为福利发放给公司行政管理人员，每台生产成本为1.2万元，市场售价为每台1.5万元（不含增值税）。

（5）本月应付职工工资总额为150万元，其中：产品生产工人工资105万元，车间管理人员工资15万元，行政管理人员工资20万元，专设销售机构人员工资10万元。

（6）以银行存款交纳职工医疗保险费5万元。

（7）按规定计算代扣代缴个人所得税5万元。

（8）以现金支付职工王明生活困难补助0.1万元。

要求：根据上述资料，不考虑其他因素，分析回答下列（1）—（2）小题：

（1）根据业务（1）至（4），下列各项会计处理正确的是（　　　）。

A.业务（1）的会计分录

借：管理费用　　　　　　　　　　　　　　　　　　　　12 000

　　贷：应付职工薪酬　　　　　　　　　　　　　　　　　　　　12 000

B.业务（2）的会计分录

借：长期待摊费用　　　　　　　　　　　　　　　　　　30 000

　　贷：应付职工薪酬　　　　　　　　　　　　　　　　　　　　30 000

C.业务（3）的会计分录

借：管理费用　　　　　　　　　　　　　　　　　　　　20 000

　　贷：累计折旧　　　　　　　　　　　　　　　　　　　　　　20 000

D.业务（4）的会计分录

借：管理费用　　　　　　　　　　　　　　　　　　　877 500

　　贷：应付职工薪酬　　　　　　　　　　　　　　　　　　　877 500

借：应付职工薪酬　　　　　　　　　　　　　　　　　877 500

　　贷：主营业务收入　　　　　　　　　　　　　　　　　　　750 000

　　　　贷：应交税费——应交增值税（销项税额）　　　　　　127 500
　　　借：主营业务成本　　　　　　　　　　　　　　600 000
　　　　贷：库存商品　　　　　　　　　　　　　　　　　　600 000
　（2）根据业务（5）至（8），下列各项会计处理正确的是（　　）。
　　　A.业务（5）的会计分录
　　　借：生产成本　　　　　　　　　　　　　　　1 050 000
　　　　制造费用　　　　　　　　　　　　　　　　150 000
　　　　管理费用　　　　　　　　　　　　　　　　200 000
　　　　销售费用　　　　　　　　　　　　　　　　100 000
　　　　贷：应付职工薪酬　　　　　　　　　　　　　　1 500 000
　　　B.业务（6）的会计分录
　　　借：应付职工薪酬　　　　　　　　　　　　　　50 000
　　　　贷：银行存款　　　　　　　　　　　　　　　　50 000
　　　C.业务（7）的会计分录
　　　借：应付职工薪酬　　　　　　　　　　　　　　50 000
　　　　贷：应交税费——应交个人所得税　　　　　　　50 000
　　　D.业务（8）的会计分录
　　　借：应付职工薪酬　　　　　　　　　　　　　　1 000
　　　　贷：库存现金　　　　　　　　　　　　　　　　1 000
　2.众诚公司为增值税一般纳税人，适用的增值税税率为17%，消费税税率为10%，原材料按实际成本计价核算，销售商品的价格中均不含增值税。该公司发生下列经济业务：
　（1）向乙公司购入A材料一批，增值税专用发票上注明的价款为850 000元，增值税为144 500元。发票、账单已经到达，货款已付，材料尚未到达。
　（2）向丙公司购入B材料一批，增值税专用发票上注明的价款为50 000元，增值税为8 500元。材料已经到达并验收入库，企业开出并承兑不带息商业汇票。
　（3）销售甲产品5 000件，单位售价250元，单位成本150元，该产品按规定需缴纳消费税，货款尚未收到。
　（4）支付上述采购B材料的货款。
　（5）该公司经计算，本月应付电费38 000元，其中：生产车间电费26 000元，行政管理部门电费12 000元，款项尚未支付。
　（6）收购农产品一批，作为企业的原材料使用，支付的农产品价款为16万元，农产品已验收入库。（购入免税农产品应按购进凭证上注明的金额（买价）乘以13%计算进项税额，允许抵扣）
　（7）委托丁公司加工原材料，发出原材料的总成本为13万元，加工费为5万元，增值税为8 500元，加工费以及被代收代缴的消费税已通过银行支付。加工完毕收回入库，准备直接对外出售。月末，将该材料全部出售，收到价款25万元，增值税42 500元。
　（8）出口D产品一批，该产品不需缴纳消费税，产品销售价格为65万元，销售成本为40万元，货已发出，货款尚未收到。该批产品的进项税额为34 000元，经计算应退税款为18 000元，经批准可以抵减内销产品应纳税额。

要求：根据以上资料，编制会计分录。

项目十一　非流动负债的核算

任务 1 长期借款的核算

一、判断题（正确的打"√"，错误的打"×"）

1.企业每期期末计提的一次还本付息的长期借款利息通过"应付利息"账户核算。
（　　）

2."长期借款"账户与"短期借款"账户一样只核算借款本金。　　　（　　）

3.长期借款的利息费用全部计入财务费用。　　　　　　　　　（　　）

4.长期借款是指企业从银行或其他金融机构借入的期限在1年以上（不含1年）的各项借款。
（　　）

5.长期借款的利息费用全部计入相关资产成本。　　　　　　　（　　）

二、不定项选择题（每题至少有一个正确答案，请将正确答案填在括号内）

1.甲公司2016年7月1日从银行借入资金300万元用于研发一项专利，该借款期限为3年，年利率为6%，到期一次还本付息。不考虑其他因素，该公司2016年的利息费用是（　　）万元。

A.18　　　　　　　B.9　　　　　　　C.54　　　　　　　D.36

2.下列各项中，关于企业确认长期借款利息费用可能记入的账户是（　　）。

A."财务费用"　　B."在建工程"　　C."研发支出"　　D."制造费用"

3.下列各项中，关于企业长期借款利息表述错误的是（　　）。

A.全部费用化计入当期损益

B.全部资本化计入资产成本

C.由企业自行决定计入当期损益或资产成本

D.对不符合资本化条件的计入当期损益

4.企业每期期末计提分期付息到期还本的长期借款利息，对其中应当予以资本化的部分，下列会计处理结果正确的是（　　）。

A.借记"财务费用"科目，贷记"长期借款"科目

B.借记"财务费用"科目，贷记"应付利息"科目

C.借记"在建工程"科目，贷记"长期借款"科目

D.借记"在建工程"科目，贷记"应付利息"科目

三、核算与分析题

北华公司2016年9月30日从银行借入资金500万元用于建造仓库，该借款期限为3年，年利率为6%，每年9月30日付息、到期还本；仓库于2016年1月1日开工建设，截至2016年12月31日仓库尚未完工。

要求：

（1）编制北华公司取得借款的会计分录。

（2）计算北华公司2016年利息费用并编制会计分录。（答案中的金额单位用万元表示）

任务2 应付债券的核算

一、判断题（正确的打"√"，错误的打"×"）

1.资产负债表日，发行债券的企业应按照摊余成本和实际利率计算确定债券利息费用。（   ）

2.实际利率，是指将应付债券在债券存续期间的未来现金流量折现为该债券当前账面价值所使用的利率。（   ）

3.企业发行债券可以采用超过债券面值的价格发行。（   ）

4.溢价或折价是发行债券企业在债券存续期内对利息费用的一种调整。（   ）

5.企业每期期末计提到期一次还本付息的应付债券利息通过"应付利息"账户核算。（   ）

二、不定项选择题（每题至少有一个正确答案，请将正确答案填在括号内）

1.下列各项中，关于企业确认应付债券利息费用可能借记的账户是（   ）。
  A."财务费用"   B."在建工程"   C."研发支出"   D."制造费用"

2.下列各项中，影响应付债券利息费用核算的因素是（   ）。
  A.债券面值   B.摊余成本   C.票面利率   D.实际利率

3.甲公司于2016年7月1日发行3年期、到期一次还本付息、票面利率为5%、面值总额为1 000万元的债券，发行价格为950万元。假定债券发行时的市场利率为6%。该公司2016年应确认的债券利息费用是（   ）万元。
  A.50   B.57   C.28.5   D.25

4.下列各项中，关于企业应付债券利息表述正确的是（   ）。
  A.全部费用化计入当期损益
  B.全部资本化计入资产成本
  C.由企业自行决定计入当期损益或资产成本
  D.对不符合资本化条件的计入当期损益

三、核算与分析题

南海公司 2016 年 1 月 1 日发行 5 年期、面值为 500 万元、分期付息到期还本、票面利率为 8% 的债券。假定市场利率为 10%，债券利息在每年 12 月 31 日支付。该公司按 462.082 万元的价格出售（发行费用略）。

要求：

（1）编制南海公司发行债券的会计分录。

（2）计算南海公司每年应确认的利息费用并编制相关会计分录。

（3）编制南海公司债券到期还本付息的会计分录。

任务 3　长期应付款的核算

一、判断题（正确的打"√"，错误的打"×"）

1.企业融资租入固定资产在确认长期应付款时形成的未确认融资费用，应当在租赁期内各个期间进行分摊。　　　　　　　　　　　　　　　　　　　　　　　　（　　）

2.企业融资方式租入固定资产应付的租赁费形成长期应付款。　　　　　　　（　　）

3.企业购入资产超过正常信用条件延期付款实质上具有融资性质时，应以购买价款的现值为基础确定所购资产的成本。　　　　　　　　　　　　　　　　　　　（　　）

4."未确认融资费用"账户是"长期应付款"账户的备抵账户。　　　　　　　（　　）

5.资产负债表中"长期应付款"项目的期末余额与"长期应付款"账户期末余额相等。　　　　　　　　　　　　　　　　　　　　　　　　　　　　　　　　　（　　）

二、不定项选择题（每题至少有一个正确答案，请将正确答案填在括号内）

1.2016年12月31日，某企业的"长期应付款"账户贷方余额为300万元，"未确认融资费用"账户借方余额为39万元，"未实现融资收益"账户贷方余额为24万元，该企业长期应付款的账面价值是（　　）万元。

A.276　　　　　　B.261　　　　　　C.339　　　　　　D.324

2.在租赁期开始日，承租人应将租赁开始日租赁资产公允价值与最低租赁付款额的现值两者中较低者作为租入资产的入账基础，下列各项应作为长期应付款入账价值的是（　　）。

A.最低租赁付款额　　　　　　B.最低租赁收款额
C.最低租赁付款额现值　　　　D.最低租赁收款额现值

3.下列各项应通过"长期应付款"账户核算的是（　　）。

A.应付出租包装物的押金
B.应付租入包装物的租金
C.应付融资租入固定资产租赁费
D.具有融资性质以分期付款方式购入资产发生的应付款项

4.下列各项不属于长期应付款的是（　　）。

A.应付职工的医药费　　　　　B.应付投资者的利润
C.应付税务机关的税收滞纳金　D.应付供货商的商业承兑汇票

三、核算与分析题

2016年6月30日，甲公司从丁公司购入一台设备，合同价款为900万元，款项分3次支付,自次年起每年7月1日支付300万元,增值税税额为153万元,当即以银行存款支付。该设备购买价款的现值为802万元,折现率为6%。该设备预计使用8年,预计净残值为2万元,采用年限平均法计提折旧。甲、丁公司均为一般纳税人。

要求:

(1) 确定甲公司2016年6月30日购买设备的入账价值,并编制相关会计分录。

(2) 计算甲公司2016年12月31日固定资产的账面价值,并编制2016年计提固定资产折旧的会计分录。

(3) 计算甲公司2016年12月31日长期应付款的账面价值,并编制2016年未确认融资费用摊销的会计分录。

项目综合训练

甲公司为增值税一般纳税人,有关资料如下:

(1) 于2016年7月1日发行公司债券一批,面值为1 000万元,期限为3年,票面年利率为5%,每年付息一次,到期一次还本并支付最后一期利息,付息日为每年的7月1日;实际收到发行价款1 056.57万元,已存入银行,实际利率为3%。公司每年6月30日及12月31日计息。该债券专门用于购建厂房。

(2) 于2016年12月31日向乙公司融资租入一台设备用于公司生产经营,租赁期为2016年12月31日至2018年12月31日,每年年末支付租金300万元;2016年12月31日该设备的公允价值为550.02万元(与最低租赁付款额的现值相同,折现率为6%),预计尚可使用5年。租入该设备另支付安装费10万元。甲公司对固定资产均采用年限平均法计提折旧,与租赁有关的未确认融资费用采用实际利率法摊销。

(3) 于2016年12月31日从银行借入200万元,用于建造仓库,该借款期限为3年、年利率为6%,到期一次还本付息。仓库于2017年1月1日开工建设,2017年6月30日完工。

要求:根据上述资料,不考虑其他因素,分析回答下列(1)—(5)小题。(答案中的金额单位用万元表示)

(1) 根据业务(1),下列各项中,关于甲公司发行债券会计处理表述正确的是(   )。

A.公司按溢价发行债券，超出面值的部分记入"应付债券——利息调整"账户

B.资产负债表日，按照摊余成本和实际利率计算确定的债券利息费用

C.资产负债表日，按照债券面值和票面利率计算确定的债券利息费用

D.公司发行债券，按发行面值总额记入"应付债券——面值"账户

（2）根据业务（2），下列各项中，关于甲公司租入设备的会计处理表述正确的是（　　）。

A.应将该设备纳入资产负债表

B.不应将该设备纳入资产负债表

C.将该租入设备视同自有资产进行管理

D.将租入设备支付的租金费用计入管理费用

（3）根据业务（2），甲公司租入设备的入账价值是（　　）万元。

A.550.02　　　　　B.560.02　　　　　C.600　　　　　D.610

（4）根据业务（2），甲公司租入该设备2017年1月1日"未确认融资费用"账户摊销额是（　　）万元。

A.0　　　　　B.24.99　　　　　C.33　　　　　D.49.98

（5）根据业务（3），下列各项中，甲公司借入款项的会计处理表述正确的是（　　）。

A.借入款项时，"短期借款"增加200万元

B.借入款项时，"长期借款"增加200万元

C.2017年计提利息时，"在建工程"增加6万元

D.2017年计提利息时，"财务费用"增加6万元

项目十二　　所有者权益的核算

任务1　实收资本的核算

一、判断题（正确的打"√"，错误的打"×"）

1. 投资者投入企业的资本全部是企业的实收资本。　　　　　　　　　　　　　（　　）

2. 企业发行股票支付的手续费等发行费用，应当计入当期财务费用。　　　　（　　）

3. 股份有限责任公司溢价发行股票时，股票溢价的净收入计入营业外收入。（　　）

4. 库存股是企业的资产，企业回购库存股会使其所有者权益增加。　　　　　（　　）

5. 以减资为目的的超出面值收购本企业的股票，收回的股票注销时凡是属于溢价发行的，超出面值付出的价格，应先冲销溢价收入，不足部分，依次冲销盈余公积和未分配利润。　　　　　　　　　　　　　　　　　　　　　　　　　　　　　　　　　（　　）

二、不定项选择题（每题至少有一个正确答案，请将正确答案填在括号内）

1. 下列各项中，在"实收资本"账户贷方登记的有（　　　）。
   A. 投资者投入的资本　　　　　　　　　B. 按规定减资引起的投入资本的减少
   C. 资本公积转增的资本　　　　　　　　D. 盈余公积转增的资本

2. 企业收到固定资产投资，应按（　　　）贷记"实收资本"账户。
   A. 固定资产的原账面价值　　　　　　　B. 所占注册资本或股本的份额
   C. 投资合同中协议约定的价值　　　　　D. 固定资产的评估价值

3. 企业吸收投资者出资时，下列会计科目的余额可能发生变化的有（　　　）。
   A. "盈余公积"　　　B. "资本公积"　　　C. "实收资本"　　　D. "利润分配"

4. 企业增加股本的途径有（　　　）。
   A. 股东投资　　　　　　　　　　　　　B. 盈余公积转入
   C. 接受投资者捐赠　　　　　　　　　　D. 分配股票股利

5. 下列各项中，最终仅仅影响所有者权益结构变动的有（　　　）。
   A. 接受捐赠　　　　　　　　　　　　　B. 宣告分派现金股利
   C. 发放股票股利　　　　　　　　　　　D. 接受投资者追加投资

三、核算与分析题

1. 甲公司是A公司与B公司共同出资组建的有限责任公司，于2017年1月1日设立，注册资本总额为300万元，A公司和B公司的出资比例为6:4。

（1）1月1日，按投资合同规定，A公司以一座账面原价240万元，已提折旧40万元的厂房投资，双方确认的该厂房价值为180万元，并已办妥产权划转等相关手续，取得了甲公司的实际控制权。

（2）1月2日，B公司以120万元货币资金投资。

要求：

（1）编制甲公司接受A公司投资的会计分录。

（2）编制甲公司接受B公司投资的会计分录。

2.乙企业委托券商代理发行股票5 000万股，每股面值1元，每股发行价格6元。按发行价格的1%向券商支付发行费用，发行股票期间冻结的利息收入为50万元。

要求：编制上述业务的会计分录。

任务 2

资本公积和其他综合收益的核算

一、判断题（正确的打"√"，错误的打"×"）

1.资本公积与实收资本一样，都是由投资者对企业直接投入而形成的。 （ ）

2.股份有限公司发行股票发生的相关交易费用，计入当期损益。 （ ）

3.交易性金融资产和可供出售金融资产公允价值变动形成的利得计入其他综合收益。
（ ）

4.经过董事会决议之后，可以用资本公积转增资本。 （ ）

5.除了资本溢价、股本溢价以外形成的计入所有者权益的利得都是其他综合收益。
（ ）

二、不定项选择题（每题至少有一个正确答案，请将正确答案填在括号内）

1.下列对于资本公积的使用，符合规定的有（ ）。
  A.资本公积转增资本　　　　　　　　B.资本公积弥补亏损
  C.资本公积发放股利　　　　　　　　D.资本公积用于集体福利设施建设

2.某上市公司发行普通股股票3 000万股，每股面值1元，每股发行价5元，支付各种发行费用100万元，则资本公积的入账金额为（ ）万元。
  A.12 000　　　　　B.14 900　　　　　C.11 900　　　　　D.15 000

3.法定盈余公积转增资本后，所留存的该项盈余公积不得少于转增前公司注册资本的
（ ）。
  A.50%　　　　　B.40%　　　　　C.60%　　　　　D.25%

4.资本公积转增资本后，下列说法正确的有（ ）。
  A.所有者权益总额变化　　　　　　　B.所有者权益总额不变
  C.所有者权益结构不变　　　　　　　D.只引起实收资本增加

5.下列各项，能够引起企业其他综合收益变动的有（ ）。

    A.资本溢价

    B.权益法核算长期股权投资，被投资单位其他综合收益的变动

    C.可供出售金融资产公允价值变动

    D.自用房地产或存货转换为以公允价值模式计量的投资性房地产

三、核算与分析题

众城公司2015年12月发生下列交易和事项：

（1）持有的M公司股票公允价值上升120万元，众城公司将该股票划分为可供出售金融资产；

（2）持有的N公司股票公允价值下降80万元，众城公司将该股票划分为交易性金融资产；

（3）持有P公司股份30%具有重大影响，众城公司采用权益法核算长期股权投资。P公司其他综合收益贷方增加220万元，其他资本公积贷方增加150万元。

（4）将自用办公楼转为以公允价值模式计量的出租房，该房屋的账面原值为3 328万元，已提折旧1 100万元，转换日的公允价值为2 940万元。

要求：编制上述业务的会计分录。

任务 3 留存收益的核算

一、判断题（正确的打"√"，错误的打"×"）

1.提取的盈余公积会导致企业所有者权益增加。 （ ）

2.盈余公积的用途主要是弥补亏损和增加资本。 （ ）

3.用盈余公积弥补亏损或转增资本，不会引起所有者权益总额的变动。 （ ）

4.企业用税后利润弥补以前年度亏损，不需进行专门的账务处理。 （ ）

5.企业以盈余公积向投资者分配现金股利，不会引起留存收益总额的变动。

（　　　）

6.某企业年初未分配利润100万元，本年实现净利润500万元，提取法定盈余公积75万元，提取任意盈余公积25万元，该企业年末可供投资者分配的利润为500万元。

（　　　）

7.董事会或类似机构审议通过的利润分配方案中拟分配的现金股利或利润，应确认为负债。　　　　　　　　　　　　　　　　　　　　　　　　　　　　　　　　　　　（　　　）

8.企业分配股票股利不会引起所有者权益总额发生变化。　　　　　　　　　（　　　）

9.企业年末资产负债表中的未分配利润的金额一定等于"利润分配"科目的年末余额。　　　　　　　　　　　　　　　　　　　　　　　　　　　　　　　　　　　（　　　）

二、不定项选择题（每题至少有一个正确答案，请将正确答案填在括号内）

1.下列各项，构成企业留存收益的有（　　　）。
　A.资本公积　　　　B.盈余公积　　　　C.未分配利润　　　D.应付利润

2.下列各项，不属于企业留存收益的有（　　　）。
　A.法定盈余公积　　B.任意盈余公积　　C.资本公积　　　　D.未分配利润

3.下列各项，能够引起所有者权益总额变化的有（　　　）。
　A.以资本公积转增资本
　B.增发新股
　C.向股东支付已宣告分派的现金股利
　D.以盈余公积弥补亏损

4.下列各项，最终仅仅影响所有者权益结构变动的有（　　　）。
　A.接受捐赠　　　　　　　　　　　B.宣告分派现金股利
　C.发放股票股利　　　　　　　　　D.接受投资者追加投资

5.下列各项，可用于弥补企业亏损的有（　　　）。
　A.法定盈余公积　　B.任意盈余公积　　C.未分配利润　　　D.股本溢价

6.下列各项，能够引起负债和所有者权益项目同时发生变动的有（　　　）。
　A.用盈余公积分配现金股利　　　　B.企业提取固定资产折旧
　C.用长期借款自建固定资产　　　　D.宣告现金股利分配方案

7.企业按规定从税后利润中提取盈余公积时，涉及的账户有（　　　）。
　A."利润分配——提取法定盈余公积"
　B."利润分配——提取任意盈余公积"
　C."盈余公积——法定盈余公积"
　D."盈余公积——任意盈余公积"

8.某企业年初盈余公积余额为500万元，本年提取法定盈余公积200万元，提取任意盈余公积100万元，用盈余公积转增资本200万元，该企业盈余公积的年末余额为（　　　）万元。
　A.450　　　　　　B.500　　　　　　C.550　　　　　　　D.600

9.某企业年初未分配利润为100万元，本年实现的净利润为200万元，按10%和5%分配提取法定盈余公积和任意盈余公积。该企业年末可供投资者分配的利润为（　　　）

万元。

　　A.200　　　　　　　B.255　　　　　　　C.270　　　　　　　D.300

　　10.某企业2015年年初未分配利润为借方余额80万元，本年度实现的净利润为200万元，分别按10%和5%提取法定盈余公积和任意盈余公积。假定不考虑其他因素，该企业2015年年末未分配利润的贷方余额应为（　　　）万元。

　　A.250　　　　　　　B.90　　　　　　　C.120　　　　　　　D.102

三、核算与分析题

　　众城股份有限公司2015年年初未分配利润为贷方余额700万元，盈余公积贷方余额600万元。2015年实现净利润1 400万元。法定盈余公积和任意盈余公积的计提比例都为10%。2016年1月23日，股东大会宣告分配现金股利500万元；因扩大经营规模的需要，2016年3月2日批准，该公司用盈余公积400万元转增资本。

　　要求：

　　（1）编制上述业务的会计分录。

　　（2）计算年末未分配利润，并编制年末结转本年利润和利润分配的会计分录。

　　（3）假定众城股份有限公司2015年年初未分配利润为借方余额700万元，请计算2015年计提的法定盈余公积、任意盈余公积和2015年年末的未分配利润。

项目综合训练

　　甲公司属于制造企业，为增值税一般纳税人，由A、B、C三位股东于2014年12月31

日分别出资40%、35%和25%设立。有关资料如下：

（1）2014年12月31日三位股东的出资方式及出资额见表12-1，各位股东的出资已全部到位，并经中国注册会计师验资，有关法律手续已经办妥。

表12-1 　　　　　　　　　　　　投资者出资情况表 　　　　　　　　单位：万元

出资者	货币资金	实物资产	无形资产	合　计
A	270		50（专利权）	320
B	130	150（设备）		280
C	170	30（汽车）		200
合计	570	180	50	800

（2）2015年甲公司实现净利润400万元，于2016年1月20日决定分配现金股利100万元，计划在2016年2月10日支付。

（3）2016年12月31日，吸收D股东加入本公司，将甲公司注册资本由原来的800万元增加到1 000万元。D股东以银行存款100万元、原材料58.5万元（增值税专用发票中注明材料计税价格为50万元，增值税为8.5万元）出资，占增资后注册资本10%的股份；其余的100万元增资由A、B、C三位股东按原持股比例以银行存款出资。2016年12月31日，四位股东的出资已全部到位，并取得D股东开出的增值税专用发票，有关的法律手续已经办妥。

要求：根据上述资料回答（1）—（5）问题。

（1）根据业务（1），甲公司2014年12月31日收到投资者投入资本时，下列处理正确的有（　　）。

A.甲公司的资本总额为800万元

B.A股东在注册资本中享有的份额为320万元

C.甲公司收到的货币资金投资按照实收额入账

D.甲公司收到的实物资产投资按照账面价值计量

（2）根据业务（1）和（2），下列说法正确的有（　　）。

A.提取法定盈余公积40万元

B.2015年年末所有者权益总额为1 060万元

C.2015年年末所有者权益总额为1 100万元

D.2015年年末未分配利润为260万元

（3）根据业务（3）甲公司2016年12月31日增资时，下列处理正确的有（　　）。

A.实收资本增加200万元　　　　　　B.实收资本增加258.5万元

C.甲公司产生资本溢价58.5万元　　　D.甲公司产生资本溢价50万元

（4）甲公司2016年12月31日增资扩股后，各股东的持股比例正确的有（　　）。

A.A股东36%　　　B.B股东31.5%　　　C.C股东22.5%　　　D.D股东10%

（5）2016年12月31日，关于甲公司财务状况，下列说法正确的有（　　）。

A.资产总额1 058.5万元　　　　　　B.资产总额不确定

C.所有者权益总额1 318.5万元　　　D.所有者权益总额1 358.5万元

项目十三　　　收入的核算

任务 1 — 销售商品收入的核算

一、判断题（正确的打"√"，错误的打"×"）

1.收入能够导致企业所有者权益增加，但导致所有者权增加的不一定都是收入。
（　　）

2.企业只要有经济利益流入就应当确认为企业的收入。 （　　）

3.企业确实无法支付的应付账款属于企业的收入。 （　　）

4.旅游公司收到的代客户支付的门票费、机票费、住宿餐饮费等款项不属于旅游公司的收入。
（　　）

5.企业销售固定资产取得的款项属于企业的收入。 （　　）

6.以前年度销售并确认收入的商品，在上年度财务会计报告批准报出后，本年度终了前退回的，应冲减上年度的收入与成本。 （　　）

7.不符合商品销售收入确认条件但已发出商品的成本，应在资产负债表的"存货"项目中反映。 （　　）

8.对于附有销售退回条件的商品销售，如果不能合理确定退货的可能性应在售出商品退货期满时确认收入。 （　　）

9.企业在确认商品销售收入后发生的销售折让，应在实际发生时记入"财务费用"科目。 （　　）

10.采用预收款方式销售产品的情况下，应当在收到货款时确认收入的实现。 （　　）

二、不定项选择题（每题至少有一个正确答案，请将正确答案填在括号内）

1.下列各项中，符合会计要素"收入"定义的是（　　）。
A.出售材料收入 B.出售无形资产净收益
C.转让固定资产及净收益 D.向购货方收取的增值税销项税额

2.企业取得下列款项中，符合"收入"会计要素定义的有（　　）。
A.出租固定资产收取的租金 B.出售固定资产收取的价款
C.出售原材料收取的价款 D.出售自制半成品收取的价款

3.下列各项收入中，属于工业企业其他业务收入的有（　　）。
A.提供运输劳务所取得的收入 B.提供加工装配劳务所取得的收入
C.出租无形资产所取得的收入 D.销售材料产生的收入

4.下列收入确认中，符合《企业会计准则》规定的有（　　）。
A.提供与商品销售分开的安装劳务应当与销售商品一并确认销售商品收入
B.附有销售退回条件的商品销售应当在销售退货期满时确认收入
C.年度终了时尚未完成的广告制作应当按照项目的完工程度确认收入
D.属于提供与设备相关的特许权收入应当在该资产所有权转移时予以确认

5.下列项目中，属于收入的有（　　）。

A.债权性投资在持有期间取得的利息

B.销售材料取得的价款

C.报废固定资产所形成的净收益

D.进行权益性投资获得的应计入投资收益的现金股利

6.甲公司为增值税一般纳税人，适用的增值税税率为17%。2016年3月1日，甲公司向乙公司销售商品一批，按价目表标明的价格计算，不含税的售价总额为20 000元。甲公司同意给予乙公司10%的商业折扣；同时为鼓励乙公司及早付清货款，甲公司规定了如下现金折扣条件（按含增值税的售价计算）"2/10，1/20，N/30"。假定甲公司3月8日收到该笔销售的全部价款（含增值税），则实际收到的价款为（　　　）元。

A.20 638.80　　　　B.21 060　　　　　　C.22 932　　　　　D.23 400

7.如果商品的售价内包括可区分的在售后一定期限内的服务费，企业应在商品销售时，（　　）确认销售商品收入。

A.按售价扣除该项服务费后的余额　　　B.按售价

C.按服务费　　　　　　　　　　　　　D.按售价和服务费之和

8.若企业售出的商品附有退货条款，但无法确定其退货的可能性，其销售收入应在（　　）确认。

A.发出商品时　　　B.收到货款时　　　C.签订合同时　　　D.退货期满时

9.在视同买断销售商品的委托代销方式下（受托方卖不出去的代销商品可以退回），委托方确认收入的时点是（　　　）。

A.委托方交付商品时　　　　　　　　B.受托方销售商品时

C.委托方收到代销清单时　　　　　　D.委托方收到货款时

10.下列情形中，商品所有权上的风险尚未转移的有（　　　）。

A.企业发出一批商品，委托某单位代为销售，未能销售出去的可以退回

B.售出的商品中附有退货条款，但无法确定其退货的可能性

C.企业已经收到货款，发货单也已交给对方，但客户尚未把货物提走

D.企业发出一批商品，货款已经结算，但由于商品质量与合同不符，可能遭到退货

三、核算与分析题

1.甲、乙企业均为增值税一般纳税人，适用的增值税税率为17%。2016年6月1日，甲企业与乙企业签订代销协议，委托乙企业销售A商品500吨，协议价为300元/吨，该商品的实际成本为200元/吨，最终售价由乙企业自定。6月10日，甲企业按合同向乙企业发出代销商品。7月20日，乙企业将A商品400吨售给丙企业，商品已于当天发出，增值税专用发票上注明的售价为128 000元，款项已收存银行。7月22日，乙企业将所代销商品的清单交付给甲企业。7月25日，甲企业收到乙企业按协议支付的400吨A商品的代销商品款。甲、乙企业均按实际成本对存货进行日常核算，乙企业不能将所代销的商品退还给甲企业。

要求：编制甲企业和乙企业代销业务的会计分录，其中"应交税费"科目需写出明细。

2.众诚公司为增值税一般纳税人，适用的增值税税率为17%，存货采用实际成本计价核算。2016年1月1日与B企业签订一项销售合同，合同规定采用预收款方式销售商品一批，总价款为120万元，分四期收取货款，每期货款于每季度的最后一天通过银行收取。2016年12月31日收取最后一期款项，并发出商品，该批商品的总成本为100万元。预收的价款不含增值税。

要求：编制上述经济业务相关的会计分录，其中"应交税费"科目需写出明细。

任务 2

提供劳务收入的核算

一、判断题（正确的打"√"，错误的打"×"）

1.对于提供劳务，若资产负债表日不能对交易的结果做出可靠的估计，应按已经发生并预计能够补偿的劳务成本确认收入，并按相同金额结转成本。 （　　）

2.企业将生产的电梯销售给某一客户，并负责电梯的安装工作，但至会计期期末安装工作尚未完成，则该企业在会计期期末不应确认电梯的销售收入。 （　　）

3.如果劳务的开始和完成分属不同的会计年度，应按完工百分比法确认收入。
（　　）

4.企业销售商品相关的已发生或将发生的成本不能够可靠计量但已收到价款的，应按照已收到的价款确认收入。 （　　）

5.资产负债表日，提供劳务结果不能可靠估计，且已经发生的劳务成本预计部分能够得到补偿的，应按能够得到部分补偿的劳务成本金额确认劳务收入，并结转已经发生的劳务成本。 （　　）

二、不定项选择题（每题至少有一个正确答案，请将正确答案填在括号内）

1.甲公司2016年5月13日与客户签订一项工程劳务合同，合同期为9个月，合同总收入为500万元，预计合同总成本为350万元；至2016年12月31日，实际发生成本160万元。甲公司按实际发生的成本占预计总成本的百分比确定劳务完成程度。在年末确认劳务收入时，甲公司发现，客户已发生严重的财务危机，估计只能从工程款中收回150万元。则甲公司2016年度应确认的劳务收入为（　　）万元。

　　A.228.55　　　　　　B.160　　　　　　　　C.150　　　　　　　　D.10

2.企业对外销售需要安装的商品时，若安装和检验属于销售合同的重要组成部分，则应确认该商品销售收入的时间是（　　）。

　　A.发出商品时 　　　　　　　　　B.收到商品销售货款时

　　C.商品运抵并开始安装时 　　　　　D.商品安装完毕并检验合格时

3.某企业于2015年11月接受一项产品安装任务，采用完工百分比法确认劳务收入，预计安装期为15个月，合同总收入为200万元，合同预计总成本为158万元。至2016年年底已预收款项160万元，余款在安装完成时收回，至2016年12月31日实际发生成本152万元，预计还将发生成本8万元。2015年已确认收入80万元，则该企业2016年度应确认收入（　　）万元。

　　A.190　　　　　　　B.110　　　　　　　　C.78　　　　　　　　D.158

4.在按照完工百分比法确认劳务收入时，必须具备的条件包括（　　）。

　　A.劳务合同的款项已经收到 　　　　B.劳务的完工程度能够可靠地确定

　　C.合同总收入和总成本能够可靠地计量　D.与交易相关的经济利益能够流入企业

5.下列有关收入确认的表述中，不正确的是（　　）。

A. 如果安装是商品销售收入的一部分，公司应于资产负债表日按完工百分比法确认收入

B. 在提供劳务交易的结果不能可靠估计的情况下，已经发生的劳务成本预计能够得到补偿时，公司应在资产负债表日按已发生的劳务成本确认收入

C. 在资产负债表日，已发生的合同成本预计不能收回时，公司应将已发生的成本确认为当期费用，不确认收入

D. 在同一会计年度内开始并完成的劳务，公司应按完成合同法确认收入

三、核算与分析题

1. 众诚公司于2016年3月10日接受一项设备安装任务，该安装任务可一次完成。合同总价款为9 000元，实际发生安装成本5 000元。假定安装业务属于众诚公司的主营业务，不考虑相关税费。

要求：编制与上述经济业务相关的会计分录。

2. 众诚公司于2016年11月30日与乙公司签订一项为期3个月的劳务合同，合同总价款为50万元。当日，收到乙公司预付的合同款25万元。至2016年12月31日，众诚公司为完成该合同累计发生劳务成本10万元，估计还将发生劳务成本30万元。假定该业务属于众诚公司的主营业务，不考虑相关税费。

要求：编制与上述经济业务相关的会计分录。

任务 3　让渡资产使用权收入的核算

一、判断题（正确的打"√"，错误的打"×"）

1. 使用费收入应按合同、协议的收费时间确认。如果合同、协议规定使用费一次性收

取，且提供后期服务的，应视同该项资产的销售一次性确认收入。（　　）

2.属于提供设备和其他有形资产的特许权收入，应在交付资产或资产的所有权转移时，确认为收入。（　　）

3.企业转让无形资产使用权时，如果合同或协议规定一次性收取使用费，且不提供后续服务的，应视同该项无形资产一次性确认收入。（　　）

4.让渡资产使用权收入包括出租无形资产收入、出租固定资产收入、进行债权投资收取的利息、进行股权投资取得的现金股利等。（　　）

5.工业企业的股权投资取得的现金股利收入应该计入投资收益，不属于企业的其他业务收入。（　　）

二、不定项选择题（每题至少有一个正确答案，请将正确答案填在括号内）

1.甲企业 2016 年 1 月 1 日向乙企业转让某项专利的使用权，为期 6 年，同时甲企业承诺提供后续服务。已知甲企业 2016 年一次性收取专利权使用费 120 万元，并支付相关税费 3 万元，甲企业取得的 120 万元专利权使用费中包括第一年和第二年的服务费各 10 万元，后 4 年的服务费 40 万元在服务提供时由乙企业另外支付，则甲企业 2016 年该项业务应确认的收入为（　　）万元。

  A.117   B.20   C.110   D.30

2.甲企业 2016 年 1 月 1 日向乙企业转让某项专利的使用权，为期 6 年，同时甲企业承诺提供后续服务，后续服务不再收费。已知甲一次性收取专利权使用费 120 万元，并支付相关税费 3 万元，则甲企业 2016 年该项业务应确认的收入为（　　）万元。

  A.120   B.117   C.20   D.19.5

3.甲公司向丁公司转让其商标使用权，约定丁公司每年年末按销售收入的 10% 支付使用费，使用期 10 年。2015 年丁公司实现销售收入 50 万元；2016 年丁公司实现销售收入 106 万元。假定甲公司于每年年末收到使用费，收到的使用费金额含增值税，按"营改增"政策，商标使用权收入对应的增值税税率为 6%，不考虑其他因素。甲公司 2016 年应确认的不含增值税的使用费收入为（　　）万元。

  A.5   B.10   C.15   D.0

4.下列各项中属于让渡资产使用权收入的有（　　）。

  A.企业对外出租固定资产收取的租金收入

  B.转让商标使用权收取的使用费收入

  C.从事代理业务收取的代理费收入

  D.进行债券投资收取的利息收入

5.下列各项中，应计入工业企业其他业务收入的有（　　）。

  A.出售投资性房地产取得的收入

  B.随同商品出售且单独计价的包装物取得的收入

  C.股权投资取得的现金股利收入

  D.经营性租赁固定资产的租金收入

三、核算与分析题

甲、乙、丙、丁企业均为增值税一般纳税人，转让专利权、非专利技术、商标权及其使用权等属于"营改增"范围，适用的增值税税率为6%。甲企业发生下列与让渡资产使用权有关的经济业务：

（1）与乙企业签订合同，合同规定甲企业于2016年1月1日将一项专利使用权让渡给乙企业，合同有效期限为2年，甲企业每年年初收取使用费且不再提供后续服务，2016年1月1日收到乙企业支付的使用费20万元（含税价款）。乙企业按合同通过银行支付了款项。2016年年初该项专利的账面余额为30万元，预计使用5年。甲企业从2016年1月对该专利权进行摊销。

（2）与丙企业签订合同，合同规定甲企业于2016年1月1日将一项非专利技术的使用权让渡给丙企业，合同有效期为2年，2016年1月1日丙企业一次性支付使用费18万元（含税价款），甲企业提供后续服务且后续服务不再另收费，丙企业通过银行支付了价款，2016年年初该项非专利技术账面余额为12万元，甲企业从2016年1月对该项非专利技术计提累计摊销。预计使用寿命为4年。

（3）与丁企业签订合同，合同规定甲企业于2016年1月1日将其商标使用权让渡给丁企业，合同有效期限为5年。合同规定每年年末丁企业根据其年销售收入的4%通过银行向甲企业支付使用费（含税价款），支付日为当年的12月31日。丁企业2016年实现销售收入200万元。2016年年初该商标权的账面余额为10万元，甲企业从2016年1月对该商标权计提累计摊销。预计使用寿命为10年。

（4）相关无形资产的残值为0，不考虑减值准备及其他相关税费。

要求：编制2016年发生的上述经济业务的会计分录。

项目综合训练

1.众诚公司为增值税一般纳税人，适用的增值税税率为17%，商品销售价格不含增值税，确认销售收入时逐笔结转销售成本。2016年发生如下业务：

（1）12月2日，向乙公司销售A产品，销售价格为600万元，实际成本为540万元。产品已发出，款项存入银行。销售前，该产品已计提跌价准备5万元。

（2）12月8日，收到丙公司退回B产品并验收入库，当日支付退货款并收到税务机关出具的《开具红字增值税专用发票通知单》。该批产品系当年8月份售出的，并已确认销售收入，销售价格为200万元，实际成本为120万元。

（3）12月10日，与丁公司签订为期6个月的劳务合同，合同总价款为400万元（不含增值税），待完工时收取价款和价外增值税（税率为6%）。至12月31日，实际发生劳务成本50万元（均为职工薪酬），估计为完成该合同还将发生劳务成本150万元。假定该项劳务交易的结果能够可靠估计，众诚公司按实际发生的成本占估计总成本的比例确定劳务的完工进度。

（4）12月31日，将本公司生产的C产品作为福利发放给生产工人，市场销售价格为80万元，实际成本为50万元。

要求：假定不考虑其他相关因素，根据上述资料，回答下列（1）—（5）小题（答案中金额单位用万元表示）：

（1）根据业务（1），下列说法中正确的是（　　　）。

    A.众诚公司应确认主营业务收入600万元

    B.众诚公司应确认主营业务成本540万元

    C.众诚公司应确认应交税费——应交增值税（销项税额）102万元

    D.众诚公司应减少存货跌价准备5万元

（2）根据业务（2），下列说法中正确的是（　　　）。

    A.众诚公司应追溯冲减8月的收入200万元

    B.众诚公司此项业务会增加存货120万元

    C.众诚公司应该借记应交税费——应交增值税（进项税额）34万元

    D.众诚公司此项业务会减少当期损益80万元

（3）根据业务（3），下列说法中不正确的是（　　　）。

    A.该项劳务属于开始与完成分属于不同会计期间

    B.当年的完工进度为16.67%

    C.众诚公司应确认主营业务成本50万元

    D.众诚公司应确认主营业务收入100万元

（4）根据业务（4），下列会计处理不正确的是（　　　）。

    A.借：主营业务成本

　　　　　　贷：库存商品　　　　　　　　　　　　　　　　　　　　50
　　　　B.借：生产成本　　　　　　　　　　　　　　　　　　　　93.6
　　　　　　贷：主营业务收入　　　　　　　　　　　　　　　　　80
　　　　　　　　应交税费——应交增值税（销项税额）　　　　13.6
　　　　C.借：应付职工薪酬　　　　　　　　　　　　　　　　　　80
　　　　　　贷：库存商品　　　　　　　　　　　　　　　　　　　80
　　　　D.借：生产成本　　　　　　　　　　　　　　　　　　　63.6
　　　　　　贷：库存商品　　　　　　　　　　　　　　　　　　　50
　　　　　　　　应交税费——应交增值税（销项税额）　　　　13.6
　　（5）根据业务（1）—（4），下列计算正确的是（　　　）。
　　　　A.12月确认的主营业务收入为780万元
　　　　B.12月确认的主营业务成本为515万元
　　　　C.12月确认的应付职工薪酬为50万元
　　　　D.12月确认的应交税费为87.6万元
　　2.大众安装公司为小规模纳税人，与乙公司于2016年10月3日签订一项工程安装合同，工期为8个月。合同约定总安装费为100万元（含税）。根据合同约定，乙公司需分3次支付大众安装公司安装费，第一次为签订合同时，预付合同总金额的20%；第二次为2016年12月31日，预付合同总金额的60%；第三次为安装结束验收合格时，支付剩余安装费。截至2016年12月31日，发生的安装成本为21万元，估计至完工还需要发生安装成本39万元。大众安装公司提供的劳务交易结果能够可靠估计，采用完工百分比法确认收入，按已发生成本占估计总成本的比例确认完工进度。公司作为小规模纳税人，按季确认收入，平时确认的收入是含税收入，季末时才将含税收入还原成不含税收入。
　　要求：根据上述资料，回答下列（1）—（3）小题（答案中金额单位用万元表示）：
　　（1）大众安装公司与乙公司签订安装合同时预收20%的安装费，应编制的会计分录是（　　　）。
　　　　A.借：银行存款　　　　　　　　　　　　　　　　　　　　20
　　　　　　贷：主营业务收入　　　　　　　　　　　　　　　　20
　　　　B.借：银行存款　　　　　　　　　　　　　　　　　　　　20
　　　　　　贷：其他业务收入　　　　　　　　　　　　　　　　20
　　　　C.借：银行存款　　　　　　　　　　　　　　　　　　　　20
　　　　　　贷：预收账款　　　　　　　　　　　　　　　　　　　20
　　　　D.借：银行存款　　　　　　　　　　　　　　　　　　　　20
　　　　　　贷：其他应付款　　　　　　　　　　　　　　　　　20
　　（2）大众安装公司截至2016年12月31日应编制的会计分录为（　　　）。
　　　　A.借：银行存款　　　　　　　　　　　　　　　　　　　　60
　　　　　　贷：预收账款　　　　　　　　　　　　　　　　　　　60
　　　　B.借：预收账款　　　　　　　　　　　　　　　　　　　　35
　　　　　　贷：主营业务收入　　　　　　　　　　　　　　　　35
　　　　C.借：主营业务成本　　　　　　　　　　　　　　　　　21

　　　　　　贷：劳务成本　　　　　　　　　　　　　　　　　　21

　　　D.借：银行存款　　　　　　　　　　　　　　　　　　35

　　　　　贷：主营业务收入　　　　　　　　　　　　　　　　35

（3）下列关于提供劳务收入的表述中，正确的是（　　　　）。

　　A.如果提供的劳务交易未跨年，提供劳务的交易结果能够可靠估计，应当采用完工百分比法确认收入

　　B.大众安装公司2016年12月31日的完工进度为35%

　　C.大众安装公司随着劳务的不断提供或外部情况的不断变化，需要随时对将要发生的成本进行修订

　　D.如果2016年12月31日乙公司未按合同约定支付工程款，有证据表明剩余款项难以收回且提供劳务的交易结果不能可靠估计，则大众安装公司不应确认收入

项目十四　　　　费用的核算

任务 1

期间费用的核算

一、判断题（正确的打"√"，错误的打"×"）

1.费用包括企业日常活动中所产生的经济利益的总流出。　　　　　　（　　）

2.企业费用的增加会导致企业所有者权益的减少，所以所有者权益的减少一定会使费用增加。　　　　　　　　　　　　　　　　　　　　　　　　　　　　　（　　）

3.费用包括成本费用和期间费用，成本费用计入有关核算对象的成本，而期间费用直接计入当期损益。　　　　　　　　　　　　　　　　　　　　　　　　　　（　　）

4.企业为生产产品、提供劳务等发生的可归属于产品成本、劳务成本等的费用属于营业成本。　　　　　　　　　　　　　　　　　　　　　　　　　　　　　　（　　）

5.随同商品出售不单独计价的包装物的成本应记入"销售费用"科目核算。（　　）

6.企业发生的固定资产修理费应在发生时计入管理费用。　　　　　　（　　）

7.企业发生或收到的现金折扣都通过"财务费用"科目核算。　　　　（　　）

8.失业保险费应全部计入管理费用。　　　　　　　　　　　　　　　（　　）

9.企业向银行或其他金融机构借入的各种款项所发生的利息均应计入财务费用。
　　　　　　　　　　　　　　　　　　　　　　　　　　　　　　　　　（　　）

10.企业发生的借款利息费用均应计入财务费用。　　　　　　　　　（　　）

二、不定项选择题（每题至少有一个正确答案，请将正确答案填在括号内）

1.下列属于费用的有（　　　）。
　　A.当期已销商品的成本　　　　　　　　B.车间生产工人的职工薪酬
　　C.固定资产报废净损失　　　　　　　　D.出租固定资产的累计折旧

2.下列各项中符合费用定义有（　　　）。
　　A.销售费用　　　　　B.税金及附加　　　　C.管理费用　　　　D.营业外支出

3.下列各项中税金及附加的会计表述正确的是（　　　）。
　　A.税金及附加是企业经营活动中负担的相关税费
　　B.税金及附加与取得收入有关
　　C.与投资性房地产有关的房产税、城镇土地使用税计入税金及附加
　　D.税金及附加影响企业营业利润

4.下列各项中应计入销售费用的有（　　　）。
　　A.业务招待费
　　B.商品维修费
　　C.销售本企业商品而专设的销售机构的业务费
　　D.预计产品质量保证损失

5.下列各项中应计入管理费用的有（　　　）。
　　A.企业生产车间发生的固定资产修理费

B.企业发生的用于无形资产的研究费用

C.企业发生的用于无形资产的开发费用

D.企业支付的年度财务报告审计费

6.下列各项中，应计入管理费用的是（　　　）。

　A.筹办期间的开办费　　　　　　　　B.预计产品质量保证损失

　C.生产车间管理人员工资　　　　　　D.专设销售机构的固定资产修理费

7.下列各项中，不属于企业"财务费用"科目核算内容的有（　　　）。

　A.满足资本化条件的利息支出　　　　B.筹建期间的利息支出

　C.支付银行承兑汇票的手续费　　　　D.购买商品享受的现金折扣

8.众诚公司为增值税一般纳税人，2016年7月缴纳的增值税为20万元，消费税为10万元，印花税为0.2万元，房产税为2.3万元，城市维护建设税为2.45万元，教育费附加为1.05万元，则众诚公司当月应当记入"税金及附加"科目的金额为（　　　）万元。

　A.41　　　　　　　B.13.5　　　　　　　C.21　　　　　　　　D.38.5

9.下列关于众诚公司发生的各项支出表述正确的是（　　　）。

　A.聘请中介机构发生的咨询费应计入管理费用

　B.企业的研究开发费计入管理费用

　C.企业财务部门人员工资计入财务费用

　D.企业销售部门固定资产折旧费计入销售费用

10.应贷记"财务费用"科目的有（　　　）。

　A.银行存款产生的利息收入

　B.外币应收账款产生的汇兑收益

　C.期末将"财务费用"科目的借方余额转入"本年利润"科目

　D.期末将"财务费用"科目的贷方余额转入"本年利润"科目

三、核算与分析题

众诚公司2016年3月份发生的费用有：发生生产车间管理人员工资80万元，发生行政管理部门人员工资60万元，支付广告费用40万元，计提短期借款利息40万元，支付固定资产维修费30万元。

要求：根据以上业务计算该公司当期的期间费用总额。

任务 2

所得税费用的核算

一、判断题（正确的打"√"，错误的打"×"）

1.所得税是企业根据应纳税所得额的一定比例上交的一种税金。应纳税所得额是在税前会计利润（利润总额）的基础上调整确定的。　　　　　　　　　　　　　　（　　）

2.某企业 2016 年年末结账前"利润分配——未分配利润"科目为借方余额 20 万元，系 2011 年发生的未弥补亏损，该企业 2016 年实现的利润总额为 180 万元，如没有其他纳税调整事项，则该企业 2016 年应纳税所得额为 160 万元。　　　　　　　（　　）

3.确认可抵扣暂时性差异产生的递延所得税资产，应当以未来期间很可能取得用来抵扣可抵扣暂时性差异的应纳税所得额为限。　　　　　　　　　　　　　（　　）

4.资产的账面价值大于其计税基础或者负债的账面价值小于其计税基础的产生可抵扣暂时性差异。　　　　　　　　　　　　　　　　　　　　　　　　　（　　）

5.资产负债表日，如果未来期间很可能无法获得足够的应纳税所得额用以抵扣递延所得税资产的利益，应当减记递延所得税资产的账面价值，并且按照资产减值准则的规定，在以后期间不得恢复其账面价值。　　　　　　　　　　　　　　　　　　（　　）

6.递延所得税资产和递延所得税负债在会计报表中分别作为非流动资产和非流动负债列示，并且要求以折现后的金额入账。　　　　　　　　　　　　　　　（　　）

7.以利润总额为基础计算应纳税所得额时，所有的应纳税暂时性差异都应做纳税调减。　　　　　　　　　　　　　　　　　　　　　　　　　　　　　　（　　）

8.企业根据会计准则规定，计算确定的当期所得税和递延所得税之和，即为应当从当期利润总额中扣除的所得税费用。　　　　　　　　　　　　　　　　　（　　）

二、不定项选择题（每题至少有一个正确答案，请将正确答案填在括号内）

1.某企业采用资产负债表债务法对所得税进行核算，所得税税率为 25%。该企业 2016 年度实现利润总额 90 万元，非公益性捐赠支出 4 万元，各项税收的滞纳金和罚款 2 万元，发生的可抵扣暂时性差异为 4 万元。该企业当期应交所得税为（　　　）万元。

    A.100　　　　　　　B.23　　　　　　　C.33　　　　　　　D.25

2.A 公司采用资产负债表债务法进行所得税核算。2016 年度实现利润总额 500 万元，所得税税率为 25%，A 公司当年因发生违法经营被罚款 5 万元，业务招待费超支 10 万元，国债利息收入 30 万元。A 公司 2016 年年初"预计负债——产品保修费"余额为 25 万元，当年提取了产品保修费 15 万元，当年兑付了 6 万元的产品保修费。则 A 公司 2016 年净利润为（　　　）万元。

    A.121.25　　　　　　B.125　　　　　　C.330　　　　　　D.378.75

3.某企业采用年数总和法计提折旧，税法规定按年限平均法计提折旧。2016 年税前会计利润为 310 万元，按年限平均法计提的折旧为 90 万元，按年数总和法计提的折旧为 180

万元，所得税税率为25%。2016年该企业应交的所得税税款为（　　）万元。

    A.77.5　　　　　　　B.55　　　　　　　C.100　　　　　　　D.400

4.下列各项中，不影响利润总额的有（　　）。

    A.接受外单位捐赠8万元　　　　　　B.因发生洪水造成存货损失10万元

    C.计提坏账准备3万元　　　　　　　D.所得税费用120万元

5.A公司于2015年12月31日"预计负债——产品保修费"科目贷方余额为100万元，2016年实际发生的产品保修费为90万元，2016年12月31日预提的产品质量保修费为120万元。2016年12月31日，下列对预计负债的说法正确的是（　　）。

    A.产生应纳税暂时性差异130万元　　B.产生可抵扣暂时性差异130万元

    C.产生应纳税暂时性差异120万元　　D.产生可抵扣暂时性差异120万元

6.下列各项中不影响"递延所得税资产"的有（　　）。

    A.资产减值准备的计提

    B.非公益性捐赠支出

    C.国债利息收入

    D.税务上对使用寿命不确定的无形资产执行不超过10年的摊销标准，会计上对该资产未计提摊销

7.下列各项中，影响利润表中"所得税费用"项目金额的有（　　）。

    A.当期应交所得税　　　　　　　　　B.递延所得税资产

    C.递延所得税费用　　　　　　　　　D.代扣代缴的个人所得税

8.M公司2016年度应纳税所得额为2 500万元，递延所得税资产期初余额为50万元，期末余额为20万元，递延所得税负债期初余额为100万元，期末余额为80万元，M公司适用的所得税税率为25%，则M公司2016年度应确认的所得税费用为（　　）万元。

    A.625　　　　　　　B.635　　　　　　　C.655　　　　　　　D.645

9.下列关于所得税的表述中，不正确的有（　　）。

    A.企业所得税费用即为当期应缴纳的企业所得税

    B.递延所得税一定影响当期所得税费用

    C.企业所得税费用等于当期会计利润乘以所得税税率

    D."所得税费用"科目余额应当结转至"利润分配"

10.下列各项资产和负债中，因账面价值与计税基础不一致形成暂时性差异的是（　　）。

    A.使用寿命不确定的无形资产

    B.已计提减值准备的固定资产

    C.已确认公允价值变动损益的交易性金融资产

    D.因违反税法规定应交纳但尚未交纳的滞纳金

三、核算与分析题

1.A公司于2013年1月1日开始对某行政用设备计提折旧，原价为60万元，假定无残值。会计上采用4年期年限平均法计提折旧，而税法上采用6年期年限平均法计提折旧，A公司采用成本与可变现净值孰低法进行固定资产的期末计价。2013年年末，可变现净值

为 36 万元，2016 年 6 月 1 日 A 公司出售该设备，售价为 20 万元。该公司每年的税前会计利润均为 100 万元，所得税税率为 25%。

要求：根据以上资料，采用资产负债表债务法做出 A 公司 2013—2016 年所得税的会计处理。

2. 华盛公司 2016 年度利润表中利润总额为 2 000 万元，适用的所得税税率为 25%。递延所得税资产和递延所得税负债均不存在期初余额。2016 年发生的有关交易和事项中，会计处理与税法规定存在差别的有：

（1）取得国债利息收入 80 万元，已计入利润总额。

（2）2016 年 1 月开始计提折旧的一项固定资产，取得成本为 1 500 万元，使用年限为 10 年，净残值为 0，会计上按双倍余额递减法计提折旧，税法上按年限平均法计提折旧。假定税法规定的使用年限及净残值与会计规定相同。

（3）向关联企业捐赠现金 200 万元。按税法规定向关联企业捐赠不允许税前扣除。

（4）当年取得作为交易性金融资产核算的股票投资成本 900 万元，12 月 31 日其公允价值为 1 300 万元。

（5）业务招待费实际发生额为 400 万元，税法规定的扣除限额为 180 万元。

（6）年末持有的存货成本为 2 060 万元，考虑市价下跌的情况，计提了 60 万元的存货跌价准备。

（7）年末计提产品保修费 300 万元，计入销售费用。

要求：

（1）计算华盛公司 2016 年度的应交所得税金额。

（2）计算华盛公司 2016 年度的递延所得税金额。

（3）计算华盛公司 2016 年度利润表中的所得税费用。

（4）做出华盛公司确认 2016 年所得税费用的会计处理。

3.众诚公司于2016年度共发生研发支出200万元，其中研究阶段支出20万元，开发阶段不符合资本化条件支出60万元，符合资本化条件支出120万元形成无形资产。假定该无形资产于2016年7月30日达到预定可使用状态，采用年限平均法按5年摊销。假定税法也规定相同的摊销期限，并且众诚公司执行了税收优惠政策的规定，形成无形资产的，按照无形资产成本的150%摊销。众诚公司2016年税前会计利润为1 000万元，适用的所得税税率为25%。不考虑其他纳税调整事项，假定无形资产摊销计入管理费用，假定当月达到预定可使用状态的无形资产，当月就开始计提摊销。

要求：根据上述资料，计算该公司2016年度应交所得税。

项目综合训练

1.众诚公司为增值税一般纳税人，适用的增值税税率为17%，消费税税率为10%，产品销售价格中均不含增值税。销售产品为公司的主营业务，在确认收入时逐笔结转销售成本。2016年6月份，众诚公司发生的部分经济业务如下：

（1）6月5日向A公司销售应税消费品100 000件，单价10元。为了鼓励多购商品，众诚公司同意给予A公司10%的商业折扣，同时以银行存款支付运费11 100元（含增值税），运费由销售方承担。该批商品的实际成本为500 000元，商品已经发出，货款尚未收到。

（2）6月8日，在购买材料业务中，根据对方给出的现金折扣条件提前付款，获得对方给予的现金折扣5 000元。

（3）6月10日为拓展市场发生业务招待费50 000元，以银行存款支付。

（4）6月30日将自产产品（应税消费品）发放给销售人员作为福利，该批产品的实际成本为30 000元，市价为50 000元。

（5）6月30日，分配本月材料费用，基本生产车间领用材料700 000元，辅助生产车间领用材料300 000元，车间管理部门领用材料43 000元，企业行政管理部门领用材料7 000元。

（6）计提本月应负担的产品日常经营活动中的城市维护建设税5 100元，教育费附加1 700元。

（7）结转本月随同产品出售但不单独计价的包装物成本4 000元。

假定除上述资料外，不考虑其他相关因素。

要求：根据上述资料，回答下列（1）—（3）小题：

（1）根据业务（1）和（2），下列各项会计处理结果正确的是（　　　）。

    A.6月5日，众诚公司应确认的销售商品收入是1 000 000元

    B.6月5日，众诚公司应确认的销售商品收入是910 000元

    C.6月5日，众诚公司应收账款的入账价值是1 053 000元

    D.6月8日，众诚公司应冲减财务费用5 000元

（2）根据业务（3）—（6），下列各项会计处理正确的是（　　　）。

    A.借：销售费用 50 000
       贷：银行存款 50 000

    B.借：销售费用 38 500
       贷：应付职工薪酬 38 500
      借：应付职工薪酬 38 500
       贷：库存商品 30 000
        应交税费——应交增值税（进项税额） 8 500

    C.借：基本生产成本 700 000
      辅助生产成本 300 000
      制造费用 43 000
      管理费用 7 000
      贷：原材料 1 050 000

    D.借：税金及附加 6 800
      贷：应交税费——应交城市维护建设税 5 100
       ——应交教育费附加 1 700

（3）众诚公司2016年6月份的期间费用是（　　　）万元。

    A.124 500　　　B.134 500　　　C.114 500　　　D.167 500

2.众诚公司2016年3月份发生如下经济业务：

（1）计提生产车间用固定资产折旧80万元；

（2）发生行政管理部门人员工资50万元；

（3）支付广告费用30万元；

（4）支付行政管理部门人员劳保费用10万元；

（5）本月因生产经营活动应缴纳的城市维护建设税1万元；

（6）期末结转发生的无形资产研究费用20万元；

（7）计提长期借款利息10万元。（非筹建期间且不符合资本化条件）

假定除上述业务外，没有发生其他业务。

要求：根据上述资料，回答下列（1）—（3）小题：

（1）下列表述正确的有（　　）。

    A.计提生产车间用固定资产折旧应记入"制造费用"科目

    B.发生的行政管理部门人员工资应记入"管理费用'科目

    C.支付的广告费用应记入"销售费用"科目

    D.支付行政管理部门人员的劳保费用应记入"财务费用"科目

（2）下列表述不正确的有（　　）。

    A.本月应缴纳的城市维护建设税应记入"税金及附加"科目

    B.发生的无形资产研究费用期末应记入"研发支出——资本化支出"科目

    C.计提的长期借款利息不是筹建期间且不符合资本化条件，应记入"财务费用"科目

    D.计提的长期借款利息如果是筹建期间的，应记入"在建工程"科目

（3）该企业3月份发生的期间费用总额为（　　）万元。

    A.100   B.90   C.80   D.120

项目十五　　　　利润的核算

任务 1   本年利润的核算

一、判断题（正确的打"√"，错误的打"×"）

1.存货、固定资产发生盘亏损失，应作为营业外支出处理。   （   ）

2.利润总额是以营业利润为基础，加上营业外收入，减去营业外支出后的总额。

（   ）

3.年终时，应将"本年利润"账户余额转入"利润分配——未分配利润"账户，结转后"本年利润"账户可能有余额，也可能没有。   （   ）

4.营业外收入不属于经营性收入，因而不缴纳所得税。   （   ）

5.年度终了，无论企业盈利或亏损，都需要将"本年利润"账户的本年累计余额转入"利润分配——未分配利润"账户。   （   ）

二、不定项选择题（每题至少有一个正确答案，请将正确答案填在括号内）

1.某企业 2016 年取得国库券投资的利息 30 000 元，其他公司债券投资利息 20 000元，全年税前利润为 800 000 元，所得税税率为 25%，若无其他纳税调整项目，则 2016 年该企业的净利润为（   ）元。

    A.579 400   B.850 000   C.607 500   D.576 100

2.下列交易和事项中，不应确认为营业外支出的有（   ）。

    A.对外捐赠支出   B.税收滞纳金

    C.计提的存货跌价准备   D.罚款支出

3.下列收入中，属于营业外收入的有（   ）。

    A.罚款收入   B.转让无形资产使用权收入

    C.出售原材料收入   D.确实无法支付的应付款项

4.下列等式中，关系正确的有（   ）。

    A.营业利润=营业收入–营业成本

    B.净利润=利润总额–所得税费用

    C.利润总额=营业利润+投资净收益

    D.营业利润=营业收入–营业成本–管理费用–财务费用–销售费用

5.下列项目中，可能引起企业利润增加的有（   ）。

    A.接受非现金资产捐赠   B.出租固定资产租金

    C.应收票据的利息   D.获得补贴收入

三、核算与分析题

1.华伟公司财务报表利润总额为 853 000 元，自查发现其中相关各项目的记账情况如下：

（1）公司委托其他单位销售新产品 80 件，单位利润 320 元，收到受托单位代销清单，但因未收到款项而未入账。

（2）错把利息费用 3 000 元列作产品的材料费用。

（3）公司已收逾期未退包装物押金 86 700 元，长期挂在"其他应付款"账内，未作处理。

（4）该年年末发生厂房改造工程支出 45 200 元，设备安装费 37 850 元，零星固定资产购置费 25 430 元，全部作为长期待摊费用，并已在年末摊销 30 000 元。

（5）该年支出罚金 11 430 元，列为管理费用。

要求：计算华伟公司实际利润总额。

2.2016 年 10 月份华伟公司损益类账户结转前发生额见表 15-1。

表 15-1　　　　　　　　华伟公司损益类账户 10 月份结转前发生额　　　　　　　　单位：元

科　目	金　额	方　向
主营业务收入	1500 000	贷
其他业务收入	300 000	贷
营业外收入	250 000	贷
投资收益	20 000	借
主营业务成本	1000 000	借
销售费用	200 000	借
税金及附加	100 000	借
其他业务成本	200 000	借
营业外支出	10 000	借
管理费用	50 000	借
财务费用	30 000	借
资产减值损失	80 000	借
公允价值变动损益	10 000	贷

要求：列式计算华伟公司10月份的营业利润及利润总额。

任务 2 利润分配的核算

一、判断题（正确的打"√"，错误的打"×"）

1.企业按规定用盈余公积弥补以前年度亏损时，应做的会计处理为借记"盈余公积"账户，贷记"本年利润"账户。 （　　）

2.企业以前年度亏损未弥补完，可以提取法定盈余公积。但是，在未提取法定盈余公积之前，不得向投资者分配利润。 （　　）

3."利润分配——未分配利润"账户余额是反映企业当年未分配利润的形成及分配情况的。 （　　）

4.企业法定盈余公积可以用于分配股利。 （　　）

5.弥补亏损一般均不需作专门的会计分录。 （　　）

二、不定项选择题（每题至少有一个正确答案，请将正确答案填在括号内）

1.企业的税后利润应优先（　　）。

    A.提取任意盈余公积   B.提取法定盈余公积

    C.向投资者分配利润   D.弥补以前年度亏损

2.某企业2015年度亏损20 000元，按规定可以用2016年度实现的税前利润弥补这一亏损，当弥补时，企业应作的会计处理为（　　）。

    A.借：利润分配——弥补以前年度亏损   20 000

          贷：利润分配——未分配利润   20 000

    B.借：盈余公积   20 000

          贷：利润分配——盈余公积转入   20 000

    C.借：利润分配——弥补以前年度亏损   20 000

          贷：应弥补亏损   20 000

    D.不需作会计处理

3."利润分配——未分配利润"明细账户的借方余额，表示（　　　）。

 A.待分配利润　　　　　　　　　　B.未弥补亏损

 C.盈余公积　　　　　　　　　　　D.应付利润

4."利润分配——未分配利润"账户贷方登记的内容有（　　　）。

 A.结转的盈余公积补亏　　　　　　B.提取的盈余公积金

 C.用盈余公积转增资本　　　　　　D.转入的本年利润

5.企业如果发生亏损，可以用（　　　）弥补。

 A.以后年度实现的利润　　　　　　B.资本公积

 C.以前年度提取的盈余公积　　　　D.专项存款

6.由利润分配形成的所有者权益包括（　　　）。

 A.资本公积　　　　　　　　　　　B.应付投资者利润

 C.法定盈余公积　　　　　　　　　D.任意盈余公积

7.盈余公积可以用于（　　　）。

 A.转增资本　　　　　　　　　　　B.弥补亏损

 C.派发股利　　　　　　　　　　　D.用盈余公积对外捐赠

8.税后利润的分配渠道有（　　　）。

 A.盈余公积补亏　　　　　　　　　B.提取盈余公积

 C.给投资者分配利润　　　　　　　D.缴纳所得税

9.在"利润分配"所属各明细账户中，期末无余额的是（　　　）明细账户。

 A."盈余公积补亏"　　　　　　　　B."提取盈余公积"

 C."应付现金股利或利润"　　　　　D."未分配利润"

10.企业弥补亏损的渠道有（　　　）。

 A.用以后年度税前利润弥补，但弥补期限不得超过五年

 B.用以后年度税后利润弥补

 C.用资本公积弥补

 D.用盈余公积弥补

三、核算与分析题

1.某企业发生以下经济业务：

（1）公司2016年实现的税后利润为2 000万元，根据股东大会决定，分别按照10%和5%的比例提取法定盈余公积和任意盈余公积。

（2）经股东大会同意，将法定盈余公积200万元用于转增资本。

（3）经股东大会同意，宣告发放现金股利500万元。

（4）将"本年利润"账户的余额和"利润分配"账户中的其他各明细账户的余额转入"利润分配——未分配利润"明细账户。

要求：根据上述资料编制相关的会计分录。

2.华伟公司2016年度实现税前利润50 000万元（无任何纳税调整事项），公司适用的所得税税率为25%，股东大会审议通过了根据公司章程利润分配条款的规定制定的如下分配方案：按10%提取法定盈余公积，按5%提取任意盈余公积，向投资者分配利润2 000万元。公司2016年1月1日资产负债表所有者权益部分见表15-2。

表15-2 资产负债表所有者权益部分 单位：万元

所有者权益	2016年1月1日	2016年12月31日
实收资本	100 000	
资本公积	20 000	
盈余公积	10 000	
未分配利润	200	
所有者权益合计	130 200	

要求：

（1）假设2016年度公司无其他影响所有者权益变动的事项，填表15-2中"2016年12月31日"一栏的数字。

（2）编制反映利润分配的会计分录。

项目综合训练

某企业为增值税一般纳税人，本月无纳税调整事项，适用的所得税税率为25%。2016年12月份发生的部分经济业务如下：

（1）向银行借款200 000元，期限半年，存入银行。

（2）采购材料一批，采用实际成本法核算，增值税专用发票注明价款720 000元，增值税122 400元，材料已验收入库，货款未付。

（3）领用材料一批，其中生产产品耗用1 300 000元，车间一般耗用50 000元，企业管理部门一般耗用30 000元。

（4）以银行存款支付水电费8 000元，其中车间一般耗用5 000元，行政管理部门耗用3 000元。

（5）销售产品一批，价款300 000元，增值税51 000元，收回款项存入银行，该批产品成本为60 000元。

（6）以银行存款支付销售产品的展览费10 000元。

（7）以银行存款支付本季度的银行借款利息1 500元。（前两个月已预提）

（8）结算本月应付工资，其中生产工人工资650 000元，车间管理人员工资50 000元，厂部管理人员工资100 000元。

（9）计提固定资产折旧，其中车间折旧费24 000元，管理部门折旧费20 000元。

（10）将本月发生的制造费用全部转入"生产成本"账户。

（11）假定本月生产的产品全部完工，结转完工产品的成本。

（12）支付本月税收滞纳金10 000元。

（13）将确实无法支付的应付账款50 000元按照规定转销。

（14）月末将各损益类账户余额全部结转到"本年利润"账户。

（15）计算当月应交的所得税，并将该余额结转到"本年利润"账户。

（16）按照10%的比例提取法定盈余公积。

（17）公司决定按照净利润的40%向股东分配现金股利。

（18）年末将本年利润余额结转到"利润分配"账户。

（19）年末将利润分配其他明细账户余额结转到"利润分配——未分配利润"账户。

要求：

（1）根据以上经济业务编制会计分录。

（2）计算本月未分配利润。

项目十六　　财务报表编报

任务 1　　　　　　　　　　　　　认知财务报表

一、判断题（正确的打"√"，错误的打"×"）

1.财务报表是对企业财务状况、经营成果和现金流量的结构性表述。　　（　　）

2.财务报表主要包括资产负债表、利润表、现金流量表和所有者权益变动表。

（　　）

3.企业可以根据实际情况决定是否编制财务报表附注。　　　　　　　（　　）

4.企业除现金流量表按照收付实现制编制外，其他财务报表应当按照权责发生制编制。

（　　）

5.财务报表项目的列报应当在各个会计期间保持一致，不得随意变更。　（　　）

二、不定项选择题（每题至少有一个正确答案，请将正确答案填在括号内）

1.下列各项中，属于财务报表的是（　　　）。

　　A.资产负债表　　　　　　　　　　B.利润表

　　C.现金流量表　　　　　　　　　　D.所有者权益变动表

2.下列各项中，属于财务报表列报基本要求的是（　　　）。

　　A.权责发生制　　　　　　　　　　B.列报的一致性

　　C.比较信息的列报　　　　　　　　D.依据重要性原则单独或汇总列报项目

3.下列各项中，需要在财务报表表首列报的信息是（　　　）。

　　A.编报企业的名称　　　　　　　　B.编报时间

　　C.货币名称和单位　　　　　　　　D.编制负责人

4.下列关于财务报表列报的表述正确的是（　　　）。

　　A.项目在财务报表中是单独列报还是汇总列报，应当依据重要性原则来判断

　　B.性质和功能不同的项目，一般应当在财务报表中单独列报，但是不具有重要性的项目可以汇总列报

　　C.会计准则要求改变财务报表项目的列报时，企业可以变更财务报表项目

　　D.企业应当根据实际发生的交易和事项，遵循各项具体会计准则及解释的规定进行确认和计量，并在此基础上编制财务报表

5.下列各项中，不属于财务报表项目金额间的相互抵销的是（　　　）。

　　A.其他应收款扣减其他应付款后的净额列示

　　B.一组类似交易形成的利得和损失以净额列示

　　C.资产和负债项目按扣除备抵项目后的净额列示

　　D.非日常活动产生的利得和损失，以同一交易形成的收益扣减相关费用后的净额列示更能反映交易实质的

任务2　资产负债表的编制

一、判断题（正确的打"√"，错误的打"×"）

1.资产负债表，是指反映企业在某一段时期的财务状况的财务报表。　　　　（　　）

2.我国的资产负债表满足"资产＝负债+所有者权益"平衡式。　　　　（　　）

3."货币资金"项目应根据"库存现金""银行存款""其他货币资金"账户的期末余额合计填列。　　　　（　　）

4.资产负债表中项目金额不可以直接根据总账账户余额填列。　　　　（　　）

5."其他综合收益"项目，反映企业根据会计准则规定未在当期损益中确认的各项利得和损失的期末余额。　　　　（　　）

二、不定项选择题（每题至少有一个正确答案，请将正确答案填在括号内）

1.下列各项中，根据总账账户和明细账户的余额分析填列的是（　　　）。

A.应收账款　　　　B.预收款项　　　　C.应付账款　　　　D.预付款项

2.下列各项中，属于资产负债表中流动资产项目的是（　　　）。

A.工程物资　　　　B.存货　　　　C.应收账款　　　　D.长期股权投资

3.某企业2016年12月31日应收票据的账面余额为200万元，已提坏账准备20万元，应付票据的账面余额为50万元，其他应收款的账面余额为30万元。该企业2016年12月31日资产负债表中应收票据项目的金额为（　　　）万元。

A.180　　　　B.230　　　　C.150　　　　D.200

4.下列各项中，属于资产负债表中"未分配利润"项目填列的依据是（　　　）。

A."本年利润"账户余额

B."盈余公积"账户余额

C."盈余公积"和"利润分配"账户的余额

D."本年利润"和"利润分配"账户的余额

5.下列各项中，关于负债项目填列表述正确的是（　　　）。

A."短期借款"项目，根据"短期借款"账户的期末余额填列

B."应付账款"项目，如"应付账款"账户期末为借方余额，以"－"号填列

C."长期借款"项目，不包括一年内将要到期的长期借款

D."其他应付款"项目，根据"其他应付款"账户的期末余额填列

三、核算与分析题

1.万京公司2016年12月31日结账后有关往来科目余额见表16-1。

表16-1   **有关往来科目余额**   单位：元

科目名称	借方余额	贷方余额
应收账款——A	600 000	
应收账款——B		400 000
坏账准备——应收账款		80 000
预收账款——C	1 000 000	
预收账款——D		800 000
应付账款——甲		400 000
应付账款——乙	200 000	
预付账款——丙	320 000	
预付账款——丁		600 000

要求：根据上述资料，计算资产负债表中下列项目的金额：（1）应收账款；（2）预收款项；（3）应付账款；（4）预付款项。

2.万京公司2016年12月31日长期借款资料见表16-2。

表16-2   **长期借款资料**

借款起始日期	借款期限（年）	金额（万元）
2014年3月1日	3	300
2015年6月1日	5	600
2016年9月1日	4	460

"长期待摊费用"项目的期末余额为60万元，将于一年内摊销的数额为20万元。

要求：根据上述资料，计算资产负债表中下列项目的金额：

（1）长期借款；

（2）长期借款中应列入"一年内到期的非流动负债"项目的金额；

（3）长期待摊费用；

（4）长期待摊费用中应列入"一年内到期的非流动资产"项目的金额。

3.万京公司2016年12月31日有关存货科目余额见表16-3。

表16-3 　　　　　　　　　　　　有关存货科目余额 　　　　　　　　　　单位：元

科目名称	借方余额	贷方余额
材料采购	500 000	
原材料	600 000	
材料成本差异		20 000
周转材料	18 000	
库存商品	940 000	
存货跌价准备		50 000

要求：根据上述资料，计算资产负债表中"存货"项目的金额。

任务3　利润表的编制

一、判断题（正确的打"√"，错误的打"×"）

1.利润表，是指反映企业一定会计期间经营成果的财务报表。　　　　　　（　　　）

2.企业的利润总额不包括非日常活动中形成的计入当期损益的利得。　　　（　　　）

3.企业通过利润表的分析，可以评价企业的获利能力，预测企业的经营前途及利润增减趋势。　　　　　　　　　　　　　　　　　　　　　　　　　　　　　　（　　　）

4.利润表中的营业收入由主营业务收入和其他业务收入构成。　　　　　　（　　　）

5.综合收益，是指企业在某一期间除与所有者以其所有者身份进行的交易之外的其他交易或事项所引起的所有者权益变动。　　　　　　　　　　　　　　　　　（　　　）

二、不定项选择题（每题至少有一个正确答案，请将正确答案填在括号内）

1.下列各项中，应通过"税金及附加"账户核算的是（　　　）。

　　A.企业计算应交的企业所得税

　　B.销售应税消费品应交的消费税

　　C.一般企业销售库存商品应交的增值税

　　D.房地产企业销售商品房应交的土地增值税

2.下列各项中，影响企业营业利润的是（　　　）。

　　A.税金及附加　　　　　　　　　　B.财务费用

　　C.营业外收入　　　　　　　　　　D.公允价值变动损益

3.下列各项中，影响企业净利润的是（　　　）。

　　A.管理费用　　　　　　　　　　　B.所得税费用

　　C.销售费用　　　　　　　　　　　D.营业外支出

4.下列各项中，工业企业应将其计入财务费用的是（　　　）。

A.应收票据的贴现利息　　　　B.收回应收账款时发生的现金折扣

C.计提的短期银行借款利息　　D.给予购货方的商业折扣

5.下列项目中，应在利润表"其他综合收益的税后净额"项目反映的是（　　　）。

A.接受投资者投资产生的资本公积

B.可供出售金融资产的公允价值变动

C.持有至到期投资重分类为可供出售金融资产的利得或损失

D.权益法核算下的长期股权投资形成的其他综合收益

三、核算与分析题

万京公司2016年6月有关损益类科目发生额见表16-4。

表16-4　　　　　　　　　　有关损益类科目发生额　　　　　　　　单位：万元

科目名称	借方发生额	贷方发生额
主营业务收入	150	4 500
主营业务成本	3 000	120
其他业务收入		300
其他业务成本	225	
税金及附加	150	
销售费用	75	
管理费用	270	
财务费用	30	
资产减值损失	240	15
公允价值变动损益	60	100
投资收益	90	150
营业外收入		135
营业外支出	30	
所得税费用	450	

要求：根据上述资料，不考虑其他因素，编制万京公司2016年6月的利润表（见表16-5）。

表16-5　　　　　　　　　　　　　利润表

编制单位：万京公司　　　　　　　　　2016年6月　　　　　　　　　单位：万元

项　目	本期金额
一、营业收入	
减：营业成本	
税金及附加	
销售费用	
管理费用	
财务费用	
资产减值损失	
加：公允价值变动收益（损失以"-"号填列）	
投资收益（损失以"-"号填列）	
二、营业利润（亏损以"-"号填列）	
加：营业外收入	
减：营业外支出	
三、利润总额（亏损总额以"-"号填列）	
减：所得税费用	
四、净利润（净亏损以"-"号填列）	

任务4　现金流量表的编制

一、判断题（正确的打"√"，错误的打"×"）

1.现金流量表，是指反映企业在一定会计期间现金和现金等价物的流入和流出的报表。　　　　　　　　　　　　　　　　　　　　　　　　　　　　　　（　　）

2.现金等价物是指企业持有的期限短、流动性强、易于转换为已知金额现金、价值变动风险很小的投资。　　　　　　　　　　　　　　　　　　　　　　　（　　）

3.企业用现金购买短期到期的国债等现金和现金等价物之间的转换属于现金流量。　　　　　　　　　　　　　　　　　　　　　　　　　　　　　　（　　）

4.企业购买生产设备支付银行存款属于经营活动产生的现金流量。　（　　）

5.企业发行债券收到的货币资金属于投资活动产生的现金流量。　（　　）

二、不定项选择题（每题至少有一个正确答案，请将正确答案填在括号内）

1.下列各项中，属于现金及现金等价物的是（　　　）。
　　A.库存现金
　　B.银行本票存款
　　C.购入新发行的一年期短期债券
　　D.购入新发行的三个月到期的债券

2.下列各项中，属于筹资活动产生的现金流量的是（　　　）。
　　A.购买股票支付的款项
　　B.支付当年度的现金股利
　　C.支付在建工程人员的工资
　　D.发行股票、债券收到的现金

3.下列各项中，能引起现金流量净额变动的是（　　　）。
　　A.从银行取出现金
　　B.用存货抵偿债务
　　C.用银行存款偿还100万元的债务
　　D.用银行存款购买两个月内到期的债券

4.下列各项中，会引起投资活动产生的现金流量发生变化的是（　　　）。
　　A.向投资者派发现金股利60万元
　　B.转让一项专利权，取得价款200万元
　　C.购入一项非专利技术，支付价款10万元
　　D.采用权益法核算的长期股权投资，实现投资收益500万元

5.下列各项中，属于现金等价物的特征是（　　　）。
　　A.流动性强　　　　　　　　　　B.期限短
　　C.易于转换为已知金额的现金　　D.价值变动风险很小

三、核算与分析题

万京公司2016年度发生的有关业务或事项如下：

（1）有关职工薪酬见表16-6。

表16-6　　　　　　　　　　　　　　有关职工薪酬　　　　　　　　　　　　单位：元

项　目		年初余额	本期分配或计提金额	期末余额
应付职工薪酬	生产工人工资	50 000	500 000	40 000
	车间管理人员工资	20 000	250 000	15 000
	行政管理人员工资	30 000	400 000	22 500
	在建工程人员工资	10 000	150 000	7 500

应付职工薪酬本期减少额均以银行存款支付，应付职工薪酬年初和本期期末均为贷方余额。

（2）本年度"短期借款"科目年初余额为120万元，期末余额为140万元；"长期借款"科目年初余额为360万元，期末余额为840万元。本年度借入短期借款240万元，借入长期借款460万元，长期借款期末余额中包括确认的20万元长期借款利息费用（2016年未支付利息）。除上述资料外，债权、债务的增减变动均以货币资金结算。

要求：根据上述资料，不考虑其他因素，回答下列（1）—（4）小题：

（1）本期支付给职工以及为职工支付的现金为（　　　）万元。

A.117.25　　　　B.115　　　　　　　C.109.50　　　　　D.113.50

（2）本期购建固定资产、无形资产和其他长期资产支付的现金为（　　　）万元。

A.15　　　　　　B.16　　　　　　　C.15.25　　　　　D.14.25

（3）本期取得借款收到的现金为（　　　）万元。

A.700　　　　　B.840　　　　　　　C.720　　　　　　D.620

（4）本期偿还债务支付的现金为（　　　）万元。

A.340　　　　　B.240　　　　　　　C.460　　　　　　D.220

任务5　　所有者权益变动表的编制

一、判断题（正确的打"√"，错误的打"×"）

1.所有者权益变动表，是指反映企业构成所有者权益各组成部分当期增减变动情况的报表。　　　　　　　　　　　　　　　　　　　　　　　　　　　　　　　（　　　）

2.所有者权益变动表是反映所有者权益会计要素内容的，因此该报表属于静态报表。　　　　　　　　　　　　　　　　　　　　　　　　　　　　　　　　　　（　　　）

3.企业可以自行选择不编制所有者权益变动表。　　　　　　　　　　　　（　　　）

4.企业应当以账户的形式列示所有者权益变动表。　　　　　　　　　　　（　　　）

5.企业应当根据所有者权益类科目和损益类有关科目的发生额分析填列所有者权益变动表"本年金额"栏。（　　）

二、不定项选择题（每题至少有一个正确答案，请将正确答案填在括号内）

1.在所有者权益变动表中，企业至少应当单独列示反映的项目是（　　）。
A.所有者投入的资本　　　　　　　B.会计政策变更
C.提取的盈余公积　　　　　　　　D.净利润

2.下列各项中，会引起所有者权益发生增减变化的是（　　）。
A.接受股东的追加投资　　　　　　B.分配股票股利
C.用盈余公积弥补亏损　　　　　　D.可供出售金融资产公允价值上升

3.下列各项中，影响本期期末"未分配利润"项目金额的是（　　）。
A.资本公积转增股本　　　　　　　B.计提法定盈余公积
C.本期实现的净利润　　　　　　　D.期初未分配利润项目金额

4.下列各项中，属于所有者权益内部结转的是（　　）。
A.资本公积转增资本　　　　　　　B.分配现金股利
C.盈余公积弥补亏损　　　　　　　D.盈余公积转增资本

5.下列各项中，不属于所有者权益组成内容的是（　　）。
A.资本公积　　　B.库存股　　　C.盈余公积　　　D.每股收益

任务6　报表附注的披露

一、判断题（正确的打"√"，错误的打"×"）

1.报表附注是企业财务报表的重要组成部分。（　　）
2.企业应当在报表附注中说明重要会计政策和会计估计。（　　）
3.企业可以自行选择不编制报表附注。（　　）
4.企业应当在附注中披露费用按照性质分类的利润表补充资料。（　　）
5.企业应当在附注中披露在资产负债表日后、财务报告批准报出日前提议或宣布发放的股利总额和每股股利金额。（　　）

二、不定项选择题（每题至少有一个正确答案，请将正确答案填在括号内）

1.下列各项中，属于报表附注应披露的内容是（　　）。
A.企业的基本情况　　　　　　　　B.财务报表的编制基础
C.遵循企业会计准则的声明　　　　D.重要会计政策和会计估计

2.下列关于报表附注的表述错误的是（　　）。
A.企业可以自行决定报表附注披露的内容
B.企业重新选择会计政策不需要在报表附注中披露
C.企业对于会计估计变更不需要在报表附注中披露

  　　D.企业需要在报表附注中披露其基本情况

3.下列各项中，不属于报表附注应披露的是（　　　）。

　　A.关联方交易　　　　　　　　　　B.资产负债表日后事项

　　C.利润表结构　　　　　　　　　　D.现金流量表内容

4.下列关于报表附注的表述正确的是（　　　）。

　　A.企业应当在附注中披露关于其他综合收益各项目的信息

　　B.对于营业期限有限的企业，还应当披露有关其营业期限的信息

　　C.企业应当在附注中披露终止经营的收入、费用、利润总额、所得税费用和净
　　　利润

　　D.重要会计政策的说明，包括财务报表项目的计量基础和在运用会计政策过程中
　　　所做的重要判断等

项目综合训练

1.甲公司2016年有关财务报表和补充资料如下：

（1）资产负债表部分资料见表16-7。

表16-7　　　　　　　　　　　　资产负债表部分资料　　　　　　　　　　单位：万元

项　目	年初余额	期末余额
应收票据	300	400
应收账款	600	200
预收款项	100	200
存货	9 760	7 840
应付票据	750	890
应付账款	670	540
预付款项	1 200	1 300

（2）利润表部分资料见表16-8。

表16-8　　　　　　　　　　　　利润表部分资料　　　　　　　　　　　　单位：万元

项　目	本期金额
营业收入	50 000
营业成本	30 000

（3）补充资料：①本年计提坏账准备10万元；②本期销售商品的销项税额为8 500万
元，本期采购原材料的进项税额为3 400万元；③"营业成本"项目中包括，计提车间折
旧费50万元，分配生产车间工人薪酬130万元；④"存货"项目中包括，计提车间折旧费
20万元，分配生产车间工人薪酬80万元。债权、债务的增减变动均以货币资金结算，假
定不考虑其他因素。

要求：

（1）计算甲公司2016年现金流量表的"销售商品、提供劳务收到的现金"项目金额；

（2）计算甲公司2016年现金流量表的"购买商品、接受劳务支付的现金"项目金额。

2.M公司2016年度科目资料见表16-9和表16-10。

表16-9

科目余额表

2016年12月31日   单位：元

总账科目	二级明细科目	借方余额	贷方余额
一、资产类			
库存现金		13 001.00	
银行存款		2 336 345.00	
其他货币资金			
	存出投资款	100 000.00	
交易性金融资产			
	成本	240 000.00	
	公允价值变动	20 000.00	
应收票据			
	A公司	1 382 000.00	
	B公司	1 173 000.00	
应收账款			
	C公司	480 000.00	
	D公司	654 609.00	
	E公司		126 500.00
预付账款			
	甲公司	160 088.00	
	乙公司		225 670.00
坏账准备			36 300.00
其他应收款			
	张三	3 500.00	
应收利息		8 000.00	
原材料			
	原料及主要材料	974 645.00	
周转材料			
	包装物	40 380.00	
库存商品		849 935.00	
可供出售金融资产			
	成本	100 000.00	
	利息调整		6 494.00
	公允价值变动	1 228.00	
固定资产			

续表

总账科目	二级明细科目	借方余额	贷方余额
	房屋建筑物	9 400 000.00	
	生产设备	3 278 390.00	
	运输设备	680 000.00	
	管理设备	568 764.00	
累计折旧			3 028 456.00
无形资产			
	土地使用权	1 350 000.00	
累计摊销			
	土地使用权		135 000.00
递延所得税资产			
	应收账款	9 075.00	
二、负债类			
短期借款			
应付票据			1 302 800.00
应付账款			
	丙公司		1 165 728.00
	丁公司	60 278.00	
预收账款	F公司		119 800.00
应付职工薪酬			330 092.00
应交税费			
	应交增值税		
	应交房产税		90 300.00
	应交车船税		1 800.00
	应交城镇土地使用税		18 000.00
	应交所得税		88 567.00
	应交个人所得税		1 716.00
	未交增值税		295 893.00
	应交城市维护建设税		20 713.00
	应交教育费附加		8 876.00
	应交地方教育费附加		5 918.00
递延所得税负债			
	可供出售金融资产		307.00
	交易性金融资产		5 000.00
三、所有者权益			
实收资本			15 000 000.00
资本公积			
	资本溢价		635 637.00
	其他资本公积		920.00
盈余公积			
	法定盈余公积		160 380.00
利润分配	未分配利润		1 443 421.00
四、成本类			
生产成本		371 050.00	
合计		24 254 288.00	24 254 288.00

表16-10　　損益类科目发生额表（结转本年利润前发生额）

2016年12月31日　　　　　　　　　　　　　　　　　　单位：元

科目名称	1-12月累计发生额	
	借　方	贷　方
主营业务收入		20 641 995.00
公允价值变动损益		20 000.00
投资收益		56 000.00
营业外收入		48 500.00
主营业务成本	14 077 846.00	
税金及附加	194 805.30	
销售费用	1 002 500.00	
管理费用	3 350 843.70	
财务费用		
其中：手续费	51 698.00	
利息收入		28 595.00
资产减值损失	36 300.00	
营业外支出	55 800.00	
所得税费用	446 964.50	

要求：

（1）编制M公司2016年12月31日资产负债表；

（2）编制M公司2016年度利润表。

附　录

企业财务会计（上）期末测试题（一）

题　号	一	二	三	四	五	总分
得　分						

一、单项选择题（每题只有一个正确答案，请将正确答案填在括号内；每小题 1 分，共 10 分）

1. 企业对交易或者事项进行会计确认、计量和报告应当保持应有的谨慎，不应高估资产或者收益、低估负债或者费用，所遵循的是会计信息质量要求中的（　　）。

　　A.重要性　　　　　B.实质重于形式　　　C.谨慎性　　　　　D.及时性

2. 企业下列项目中，不属于其他货币资金核算范围的是（　　）。

　　A.银行汇票存款　　B.银行本票存款　　　C.信用卡存款　　　D.银行借款转存

3. 企业取得交易性金融资产支付的价款中包含已宣告但尚未发放的现金股利应计入的科目是（　　）。

　　A."交易性金融资产"　　　　　　B."应收股利"

　　C."公允价值变动损益"　　　　　D."资本公积"

4. 企业发生赊销商品业务，下列各项中不影响应收账款入账金额的是（　　）。

　　A.商品价款　　　　B.增值税销项税额　　C.现金折扣　　　　D.代垫运杂费

5. 持有至到期投资在持有期间应当按照（　　）计算确认利息收入，计入投资收益。

　　A.实际利率　　　　B.票面利率　　　　　C.市场利率　　　　D.合同利率

6. 公司外购材料验收入库时发现的短缺和毁损，如属途中合理损耗，下列各项处理正确的是（　　）。

　　A.若未付款应拒付货款

　　B.若已付款应向供应单位索赔

　　C.列入营业外支出

　　D.相应提高入库材料的实际单位成本，不再另做账务处理

7. 随同商品出售、单独计价的包装物发出时，其成本应当计入的科目是（　　）。

　　A."主营业务收入"　　　　　　　B."其他业务成本"

　　C."营业外收入"　　　　　　　　D."销售费用"

8. 某企业为增值税一般纳税人，2016 年 5 月建造生产线领用材料的实际成本为 20 000 元，增值税进项税额为 3 400 元，该项业务应计入在建工程成本的金额为（　　）元。

　　A.20 000　　　　　B.23 400　　　　　　C.16 600　　　　　D.28 000

9. 固定资产改建过程中被替换部分账面价值，应作为损失计入的科目是（　　）。

　　A."管理费用"　　　B."营业外支出"　　　C."在建工程"　　　D."固定资产清理"

10. 某企业自创一项专利，并经过有关部门的审核注册，获得其专利权。该项专利权的研究开发费为 15 万元，其中开发阶段符合资本化条件的支出为 8 万元；发生的注册登记费

为2万元，律师费为1万元。假定不考虑相关税费，该项专利权的入账价值为（   ）万元。

    A.15   B.3   C.11   D.18

二、多项选择题（每题有两个或两个以上正确答案，请将正确答案填在括号内；每小题 2 分，共 20 分）

1. 下列各项会引起应收账款账面价值发生变化的有（   ）。

    A.计提坏账准备   B.收回应收账款

    C.转销坏账   D.收回已转销的坏账

2. 下列各项应计入其他应收款的有（   ）。

    A.存出保证金   B.发放的备用金

    C.应收租出包装物租金   D.到期无力支付的商业汇票

3. 下列费用中，不应计入外购存货采购成本的有（   ）。

    A.运输机构造成的超定额损耗   B.运输途中的合理损耗

    C.采购人员差旅费   D.进口关税

4. 下列税费中，应计入存货成本的有（   ）。

    A.购买消费品缴纳的消费税

    B.进口原材料缴纳的进口关税

    C.一般纳税企业购买材料缴纳的增值税

    D.小规模纳税企业购买材料缴纳的增值税

5. 某企业为增值税一般纳税人，委托其他单位加工应税消费品，该产品收回后直接对外出售，下列各项中，应计入委托加工物资成本的有（   ）。

    A.发出材料的实际成本   B.支付给受托方的加工费

    C.支付给受托方的增值税   D.支付给受托方代收代缴的消费税

6. 下列长期股权投资，采用权益法核算的有（   ）。

    A.对被投资企业实施控制   B.对合营企业的权益性投资

    C.对被投资企业具有重大影响 D.对被投资企业不具有重大影响

7. 下列各项关于企业存货的表述正确的有（   ）。

    A.存货应按照成本进行初始计量

    B.存货成本包括采购成本、加工成本和其他成本

    C.存货期末计价应按照成本与可变现净值孰低计量

    D.存货的可变现净值是指存货的售价减去存货成本后的金额

8. 下列关于无形资产会计处理的表述，正确的有（   ）。

    A.自用的土地使用权应确认为无形资产

    B.使用寿命不确定的无形资产应每年进行减值测试

    C.无形资产均应确定预计使用年限并分期摊销

    D.用于建造厂房的土地使用权的账面价值应计入所建厂房的建造成本

9. 按照《企业会计准则》规定，下列固定资产应提折旧的有（   ）。

    A.未使用的机器设备   B.大修理停用的机器设备

    C.正在改扩建的房屋   D.土地

10. 下列各项应作为投资性房地产核算的有（　　　）。

　　A. 已出租的房屋　　　　　　　B. 已出租的土地使用权

　　C. 持有准备增值转让的房屋建筑物　　D. 持有准备增值转让的土地使用权

三、判断题（正确的打"√"，错误的打"×"；每小题1分，共10分）

1. 企业无法可靠区分研究阶段和开发阶段支出的，应将其所发生的研发支出全部资本化计入无形资产成本。（　　　）

2. 固定资产账面价值是指固定资产原值减去累计折旧，再减去固定资产减值准备后的金额。（　　　）

3. 公司采用成本与可变现净值孰低法确定存货的期末价值，当存货的成本低于可变现净值时，期末存货应按其成本计价。（　　　）

4. 企业取得金融资产支付的相关税费，应当计入金融资产的初始成本。（　　　）

5. 在物价波动的情况下，采用先进先出法确定的期末存货成本比较接近当前的成本水平。（　　　）

6. 经确认为小规模纳税企业，其采购货物支付的增值税，无论是否在发票上单独列明，一律计入所购货物的采购成本。（　　　）

7. 企业盘盈、盘亏的固定资产，在报经批准处理前，一律通过"待处理财产损溢"账户核算。（　　　）

8. 企业以经营租赁方式租入的固定资产发生的改良支出，应直接计入当期损益。（　　　）

9. 无形资产摊销时，当月增加的无形资产不进行摊销，当月减少的无形资产要进行摊销。（　　　）

10. 处置投资性房地产取得的净收益应当作为利得计入营业外收入。（　　　）

四、不定项选择题（每小题至少有一个正确答案，请将正确答案填在括号内；每小题2分，共12分）

资料：怡和公司为增值税一般纳税人，适用的增值税税率为17%，原材料采用实际成本计价核算，月末采用全月一次加权平均法计算发出材料成本，2016年11月发生如下有关交易和事项：

（1）月初结存甲材料2 000千克，每千克实际成本300元；10日购入甲材料500千克，每千克实际成本320元；25日，发出甲材料1 800千克，其中用于仓库日常维修500千克，用于独立销售部门日常维修300千克，其余材料用于产品生产。

（2）月末，计提固定资产折旧费165万元，其中生产车间设备折旧10万元，企业办公楼折旧80万元，行政管理部门汽车折旧5万元，独立销售部门专用房屋折旧70万元。

（3）本月发生生产车间固定资产维修费42 100元，增值税7 157元，全部以银行存款支付。

（4）本月销售部门报废一辆已提足折旧的汽车，该汽车原值152 500元，预计净残值率为5%，已提折旧144 875元，实际发生清理费用500元，残值收入为8 675元，不考虑相关税费。

（5）30日，对计入"待处理财产损溢"账户的盘亏财产进行了核查，其中原材料盘亏 30 000 元属于收发计量错误，固定资产盘亏净损失 100 000 元属于意外事项。

要求：根据上述资料，回答下列各小题：

（1）根据资料（1），该公司发出甲材料的每千克实际成本是（　　）元。

A.310   B.304   C.320   D.300

（2）根据资料（1），领用甲材料的会计处理结果正确的是（　　）。

A.计入管理费用 152 000 元   B.计入生产成本 304 000 元

C.计入销售费用 91 200 元   D.计入在建工程 152 000 元

（3）根据资料（2），计提固定资产折旧的会计处理正确的是（　　）。

A.制造费用增加 100 000 元   B.管理费用增加 950 000 元

C.销售费用增加 700 000 元   D.管理费用增加 850 000 元

（4）根据资料（3），关于生产车间固定资产维修处理正确的是（　　）。

```
A.借：制造费用                                    42 100
       应交税费——应交增值税（进项税额）            7 157
           贷：银行存款                                    49 257
B.借：管理费用                                    42 100
       应交税费——应交增值税（进项税额）            7 157
           贷：银行存款                                    49 257
C.借：制造费用                                    49 257
           贷：银行存款                                    49 257
D.借：营业外支出                                  49 257
           贷：银行存款                                    49 257
```

（5）根据资料（4），关于固定资产清理净损益的处理正确的是（　　）。

```
A.借：固定资产清理                                   550
           贷：营业务外收入                                   550
B.借：固定资产清理                                 8 175
           贷：营业务外收入                                 8 175
C.借：营业务外支出                                   550
           贷：固定资产清理                                   550
D.借：营业务外支出                                 8 175
           贷：固定资产清理                                 8 175
```

（6）根据资料（5），关于资产盘亏业务处理结果正确的是（　　）。

A.管理费用增加 30 000 元   B.管理费用增加 130 000 元

C.营业外支出增加 100 000 元   D.营业外支出增加 130 000 元

五、计算分析题（4 小题，共 48 分）

1.（8 分）2016 年 7 月 25 日，某公司将其持有的一张 180 天到期、年利率为 6%、面值为 5 万元的银行承兑汇票向银行办理贴现。该汇票的出票日为 5 月 6 日，到期日为 11 月 2 日。贴现时企业尚未计提利息，银行规定的贴现率为 7.2%。

要求：

（1）计算该票据的票面利息、票据的到期值、贴现天数、贴现利息和贴现金额。

（2）编制该公司票据贴现时的会计分录。

2.（6分）某制烟厂（一般纳税人）发出材料一批，委托乙企业加工烟丝，发出材料的实际成本为9万元，加工费为10 000元，增值税为1 700元，消费税为10 000元，加工完毕验收入库。加工费、增值税以及被代收代缴的消费税已通过银行支付，烟丝收回后用于连续生产香烟。

要求：编制该制烟厂委托加工烟丝业务的相关会计分录。

3.（10分）2015年1月1日，A公司以银行存款2 950万元取得B公司30%的股份，A公司能够对B公司施加重大影响。B公司其他资料如下：

（1）2015年1月1日，B公司可辨认净资产的公允价值为10 000万元。

（2）2015年，B公司实现净利润2 500万元。

（3）2016年4月2日，B公司宣告分配现金股利1 300万元。4月20日支付现金股利。

要求：根据上述资料，编制A公司相关会计分录。

4. (24分) 某企业对甲材料采用计划成本计价核算，甲材料的计划单位成本为 25 元/千克。2016 年 11 月 30 日，有关甲材料的账户余额为："原材料"账户借方余额 14 700 元，"材料成本差异"账户贷方余额 345 元。该企业 12 月份发生有关甲材料收入、发出及结存的经济业务如下：

(1) 采购甲材料 480 千克，材料验收入库，货款 14 040 元（其中，价款 12 000 元，增值税 2 040 元）以支票付讫，并以现金支付装卸费 75 元。

(2) 采购甲材料 132 千克，材料验收入库，货款 3 825.9 元（其中，价款 3 270 元，增值税 555.9 元），开出一张银行承兑汇票支付货款。

(3) 从外埠采购甲材料 180 千克，结算凭证到达并办理付款手续。付款总额为 5 165.9 元，其中货款 5 031 元（其中，价款 4 300 元，增值税 731 元）；进货运费 99.9 元（其中准予扣除的进项税额为 9.9 元）；装卸费 35 元。材料尚未运到。

(4) 根据本月发料凭证汇总表，共计发出材料 960 千克，计划成本为 24 000 元。其中：直接用于产品生产 620 千克，计划成本 15 500 元；车间一般耗用 300 千克，计划成本 7 500 元；管理部门耗用 40 千克，计划成本 1 000 元。

要求：

(1) 根据上述资料 (1) 至 (3)，编制相关会计分录。（注：材料入库时，材料成本差异一并结转）

(2) 根据上述资料 (1) 至 (3)，计算甲材料 12 月份的材料成本差异率、发出材料应分摊的材料成本差异额和发出材料的实际成本。

(3) 根据上述资料 (4)，编制发出材料及结转发出材料成本差异的会计分录。

企业财务会计（上）期末测试题（二）

题 号	一	二	三	四	五	总分
得 分						

一、单项选择题（每题只有一个正确答案，请将正确答案填在括号内；每小题 1 分，共 10 分）

1.企业对交易或者事项进行会计确认、计量和报告应当保持应有的谨慎，不应高估资产或者收益、低估负债或者费用，所遵循的是会计信息质量要求中的 （　　　　）。

A.重要性　　　　　　　　　　B.实质重于形式

C.谨慎性　　　　　　　　　　D.及时性

2.下列各项中，不符合资产要素定义的是 （　　　　）。

A.委托代销商品　　　　　　　B.委托加工物资

C.待处理财产损失　　　　　　D.尚待加工的半成品

3.下列票据中，属于应收票据核算的是 （　　　　）。

A.银行本票　　　B.银行汇票　　　C.商业汇票　　　D.支票

4.可供出售金融资产公允价值的变动，应当计入 （　　　　）。

A.其他综合收益

B.公允价值变动损益

C.资本公积

D.投资收益

5.下列费用中，不应计入外购存货采购成本的是 （　　　　）。

A.运输途中的合理损耗　　　　B.不能抵扣的增值税

C.采购人员差旅费　　　　　　D.进口关税

6.下列各项中，关于固定资产业务说法不正确的是 （　　　　）。

A.需要安装的固定资产通过"在建工程"科目核算

B.盘盈盘亏的固定资产通过"待处理财产损溢"科目核算

C.出售的固定资产通过"固定资产清理"科目核算

D.计提固定资产减值准备通过"固定资产减值准备"科目核算

7.下列各项中，关于无形资产摊销表述不正确的是 （　　　　）。

A.使用寿命不确定的无形资产不应摊销

B.出租无形资产的摊销额应计入管理费用

C.使用寿命有限的无形资产处置当月不再摊销

D.无形资产的摊销方法主要有年限平均法和工作量法

8.下列各项中，属于投资性房地产的是 （　　　　）。

A.房地产开发企业开发的准备出售的房屋

B.房地产开发企业拥有的已出租建筑物

C.企业持有的准备建造房屋的土地使用权

D.企业持有并准备增值后转让的建筑物

9.根据《企业会计准则第2号——长期股权投资》的规定，长期股权投资采用权益法核算时，初始投资成本大于应享有被投资企业可辨认净资产公允价值份额之间的差额，正确的会计处理是（　　　）。

A.计入投资收益　　　　　　　　　　B.冲减资本公积

C.计入营业外支出　　　　　　　　　D.不调整初始投资成本

10.非企业合并方式取得长期股权投资时支付的税费、手续费等相关费用，应计入（　　　）。

A.投资成本　　　　B.投资收益　　　　C.财务费用　　　　D.管理费用

二、多项选择题（每题有两个或两个以上正确答案，请将正确答案填在括号内；每小题2分，共24分）

1.我国企业会计准则体系包括（　　　）。

A.基本准则　　　　B.具体准则　　　　C.应用指南　　　　D.解释公告

2.下列各项中，属于其他货币资金核算内容的有（　　　）。

A.银行本票存款　　B.银行汇票存款　　C.信用卡存款　　　D.外埠存款

3."材料成本差异"账户的贷方登记（　　　）。

A.收入材料转入的节约差异　　　　　B.收入材料转入的超支差异

C.发出材料负担的节约差异　　　　　D.发出材料负担的超支差异

4.下列税费中，应计入存货成本的有（　　　）。

A.购买消费品缴纳的消费税

B.进口原材料缴纳的进口关税

C.一般模纳税企业购买材料缴纳的增值税

D.小规模纳税企业购买材料缴纳的增值税

5.某企业为增值税一般纳税人，委托其他单位加工应税消费品，该产品收回后继续加工，下列各项中，应计入委托加工物资成本的有（　　　）。

A.发出材料的实际资本　　　　　　　B.支付给受托人的加工费

C.支付给委托方的增值税　　　　　　D.受托方代收代缴的消费税

6.下列各项中，关于周转材料会计处理表述正确的有（　　　）。

A.多次使用的包装物应根据使用次数分次进行摊销

B.低值易耗品金额较小的可在领用时一次计入成本费用

C.随同商品销售出借的包装物的摊销额应计入管理费用

D.随同商品出售、单独计价的包装物取得的收入应计入其他业务收入

7.下列各项中，影响固定资产折旧的因素有（　　　）。

A.固定资产原价　　　　　　　　　　B.固定资产的预计使用寿命

C.固定资产预计净残值　　　　　　　D.已计提的固定资产减值准备

8.下列各项中,关于固定资产折旧的说法正确的是 ( )。

A.当月增加的固定资产当月计提折旧,当月减少的固定资产当月不提折旧

B.当月增加的固定资产当月不提折旧,当月减少的固定资产当月计提折旧

C.企业应当对所有在用的固定资产计提折旧

D.作为固定资产入账的土地不提折旧

9.下列各项中,作为企业固定资产核算的有 ( )。

A.融资租入设备　　　　　　　B.经营租入设备

C.经营租出设备　　　　　　　D.经营租出办公楼

10.下列各项中,关于金融资产的说法不正确的有 ( )。

A.所有金融资产采用公允价值进行初始计量

B.所有金融资产采用公允价值进行后续计量

C.所有金融资产公允价值变动计入公允价值变动损益

D.所有金融资产公允价值变动计入资本公积

11.下列各项中,应计入相关资产成本的有 ( )。

A.经营租入管理用设备的租赁费

B.取得长期股权投资发生的相关税费

C.购进原材料在运输途中发生的合理损耗

D.按法定程序申请取得专利而发生的费用

12.采用成本法核算长期股权投资时,下列项目中,影响被投资企业"投资收益"账户的有 ( )。

A.被投资企业宣告分派现金股利

B.被投资企业宣告分派股票股利

C.被投资企业发生亏损

D.处置长期股权投资取得的价款与长期股权投资账面价值的差额

三、判断题(正确的打"√",错误的打"×";每小题 1 分,共 10 分)

1.会计核算谨慎性要求,一般是指对可能发生的损失和费用应当合理预计,对可能实现的收益不预计,但对很可能实现的收益应当预计。 ( )

2.资产是指由于过去的交易或事项引起的,企业拥有的经济资源。 ( )

3.单独测试未发现减值的金融资产(包括单项金额重大和不重大的金融资产),不需要计提减值准备。 ( )

4.对持有至到期投资、贷款和应收款项等金融资产的减值损失一经确认不得转回。 ( )

5.盘盈的存货报经批准后计入营业外收入。 ( )

6.公司采购材料,在折扣期内取得的现金折扣,应冲减材料的采购成本。 ( )

7.企业购入不需要安装的生产设备,购买价款超过正常信用条件延期支付,实质具有融资性质的,应当以购买价款的现值为基础确定其成本。 ( )

8.企业以经营租赁方式租入的固定资产发生的改良支出,应直接计入当期损益。 ( )

9.使用寿命有限的无形资产应当自达到预定用途的下月起开始摊销。 （　　）

10.股权投资采用成本法核算，被投资企业宣告分派现金股利时，投资企业按照应得的金额确认投资收益。 （　　）

四、不定项选择题（每题至少有一个正确答案，请将正确答案填在括号内；每小题 2 分，共 12 分）

资料：甲公司为增值税一般纳税人，2016年6月发生如下交易或事项：

（1）3日，甲公司出售某办公楼，采用简易征税计算缴纳增值税。办公楼售价 2 016 万元，其中增值税96万元，款项已存入银行。该办公楼原价为 3 000 万元，采用年限平均法按20年计提折旧，预计净残值率为4%。出售时已计提折旧9年，未计提减值准备。

（2）20日，为了盘活企业的非流动资产，甲公司将长期闲置的某临街房屋对外经营出租，并转作投资性房地产（采用成本模式计量）。转换日，该房屋的原价为 1 500 万元，已计提折旧为960万元。

（3）22日，对厂房进行更新改造，该厂房原值为500万元，累计折旧为200万元。改造过程中发生可资本化的支出120万元。工程项目于10月20日完工，达到预定可使用状态。（不考虑相关税费）

（4）30日，计提当月折旧费820万元，其中生产车间240万元，管理部门180万元，销售部门120万元，出租房屋280万元。

（5）30日，以经营租赁方式租出的商铺租期已到，甲公司以不含税价格150万元出售给康隆公司，该商铺的账面原值为160万元，已提折旧40万元。

要求：根据上述资料，不考虑其他因素，分析回答下列小题（答案中的金额单位用万元表示）：

（1）根据资料（1），下列各项中，与办公楼折旧相关的表述正确的有（　　）。

　　A.该办公楼的预计净残值为96万元

　　B.该办公楼的年折旧率为4.8%

　　C.该办公楼的预计净残值为120万元

　　D.该办公楼的年折旧率为5%

（2）根据资料（1），下列各项中，甲公司出售该办公楼的会计处理正确的有（　　）。

　　A.将出售办公楼转入清理时：

　　　借：固定资产清理　　　　　　　　　　　　　　　　　　　1 704

　　　　　累计折旧　　　　　　　　　　　　　　　　　　　　　1 296

　　　　　贷：固定资产　　　　　　　　　　　　　　　　　　　　　　3 000

　　B.收到出售办公楼价款时：

　　　借：银行存款　　　　　　　　　　　　　　　　　　　　　2 016

　　　　　贷：固定资产清理　　　　　　　　　　　　　　　　　　　　1 920

　　　　　　　应交税费——简易计税　　　　　　　　　　　　　　　　　96

　　C.结转清理净损益时：

　　　借：固定资产清理　　　　　　　　　　　　　　　　　　　　216

　　　　　贷：营业外收入　　　　　　　　　　　　　　　　　　　　　216

D.缴纳增值税时：

借：应交税费——简易计税　　　　　　　　　　　　　　　　　　96

　　贷：银行存款　　　　　　　　　　　　　　　　　　　　　　96

（3）根据资料（2），下列各项中，甲公司出租临街房屋的会计处理正确的有（　　）。

A.借：投资性房地产　　　　　　　　　　　　　　　　　　　1 500

　　累计折旧　　　　　　　　　　　　　　　　　　　　　960

　　　贷：固定资产　　　　　　　　　　　　　　　　　　1 500

　　　　投资性房地产累计折旧　　　　　　　　　　　　960

B.借：投资性房地产　　　　　　　　　　　　　　　　　　　　540

　　　贷：固定资产清理　　　　　　　　　　　　　　　　540

C.借：投资性房地产　　　　　　　　　　　　　　　　　　　　540

　　累计折旧　　　　　　　　　　　　　　　　　　　　　960

　　　贷：固定资产　　　　　　　　　　　　　　　　　　1 500

D.借：固定资产清理　　　　　　　　　　　　　　　　　　　　540

　　累计折旧　　　　　　　　　　　　　　　　　　　　　960

　　　贷：固定资产　　　　　　　　　　　　　　　　　　1 500

（4）根据资料（3），下列各项中，甲公司更新改造厂房达到预定可使用状态的入账价值是（　　）万元。

A.300　　　　　　B.620　　　　　　C.120　　　　　　D.420

（5）根据资料（4），下列各项中，表述正确的有（　　）。

A.制造费用增加240万元

B.管理费用增加180万元

C.销售费用增加120万元

D.其他业务成本增加280万元

（6）根据资料（5），下列各项中，甲公司出售商铺的说法正确的有（　　）。

A.确认收入150万元　　　　　　　　B.确认利得150万元

C.确认收入120万元　　　　　　　　D.确认利得120万元

五、综合分析题（2小题，共44分）

1.（28分）甲公司为增值税的一般纳税人，2016年发生如下经济业务：

（1）2016年6月购入不需要安装的设备一台，取得的增值税专用发票上注明：设备买价56万元，增值税9.52万元；运杂费1.8万元，增值税0.198万元，款项全部付清。该设备预计使用10年，预计净残值为2.8万元。

（2）甲公司采用账龄分析法计提坏账准备，2016年年初坏账准备为贷方余额12万元，当年收回已作为坏账损失处理的应收账款25万元，期末应收账款余额550万元，其中未到期金额为250万元，过期1—3个月内的为300万元。

（3）甲公司2016年12月1日结存材料的计划成本为40万元，成本差异为节约2 000元；当月入库该材料的计划成本为60万元，成本差异为超支4 000元；本月发出该材料的计划成本为52万元。

要求：

（1）根据资料（1），确定设备的初始入账价值并做出购买设备的会计分录。

（2）根据资料（1），分别采用双倍余额递减法、年数总和法计算该设备2016年、2017年应计提的折旧额。

（3））假定未到期应收账款计提坏账准备的比例为1%，逾期应收账款计提坏账准备的比例为5%，根据资料（2）计算甲公司2016年应计提的坏账准备金额，并做出2016年收回转销坏账及计提坏账准备的会计分录。

（4）根据资料（3）分别计算该材料2016年12月的材料成本差异率；12月发出材料应分摊的材料成本差异和实际成本；12月末库存结存材料应分摊的材料成本差异和实际成本。

2.（16分）乙公司为一家上市公司，2016年对外投资有关资料如下：

（1）1月15日，乙公司以银行存款购买A公司发行的股票200万股准备长期持有，实际支付价款10 000万元，另支付相关税费120万元，占A公司有表决权股份的40%，能够对A公司施加重大影响，投资时A公司可辨认净资产的公允价值为30 000万元（各项可辨认资产、负债的公允价值与账面价值相同）。

（2）3月16日，乙公司委托证券公司从二级市场购入B公司股票，并将其划分为交易性金融资产。支付价款1 600万元（其中包含宣告但尚未发放的现金股利40万元），另支付相关交易费用4万元。

（3）5月5日，乙公司收到B公司发放的现金股利40万元并存入银行。

（4）6月30日，乙公司持有的B公司股票的公允价值下跌为1 460万元。

（5）7月15日，乙公司将持有的B公司股票全部出售，售价为1 640万元，款项存入银行。

（6）A公司2016年实现净利润5 000万元。

（7）A公司2016年年末因出售金融资产的公允价值变动增加其他综合收益700万元。

要求：假定除上述资料外，不考虑其他相关因素，逐笔编制乙公司相关会计分录。

企业财务会计（下）期末测试题（一）

题 号	一	二	三	四	五	六	总分
得 分							

一、单项选择题（每题只有一个正确答案，请将正确答案填在括号内；每小题1分，共10分）

1.某企业2016年5月2日从甲公司购入一批商品并已验收入库。增值税专用发票上注明该批产品的价款为100万元，增值税税额为17万元。合同中规定的现金折扣条件为"2/10，1/20，N/30"，假定计算现金折扣的基数不包括增值税。该企业在2016年5月10日付清货款，企业实际付款金额为（   ）万元。

  A.114.66   B.116   C.117   D.115

2.某公司2016年11月1日开具了商业承兑汇票，该商业承兑汇票的面值为100万元，年利率为6%，期限为6个月。2016年12有31日该公司应付票据的账面价值为（   ）万元。

  A.100   B.101   C.103   D.102

3.按规定，企业计算代扣代缴职工个人所得税，应贷记的会计科目是（   ）。

  A."其他应付款"   B."应交税费"

  C."应付职工薪酬"   D."银行存款"

4.某企业2016年年初"未分配利润"贷方余额为200万元，当年实现利润总额800万元，所得税费用为300万元，按净利润的10%提取法定盈余公积，还提取任意盈余公积25万元，宣告向投资者分配利润25万元。该企业2016年年末"未分配利润"的贷方余额为（   ）万元。

  A.600   B.650   C.625   D.570

5.某饮料生产企业为增值税一般纳税人，2016年年末将本企业生产的一批饮料发放给职工作为个人福利。该饮料的市场售价为12万元（不含增值税），适用的增值税税率为17%，实际成本为10万元。假定不考虑其他因素，就该批饮料的发放，该企业应确认的应付职工薪酬为（   ）万元。

  A.10   B.11.7   C.12   D.14.04

6.企业因解除与职工的劳动关系给予职工补偿而发生的职工薪酬，应借记的会计科目是（   ）。

  A."营业外支出"   B."存货成本"或"劳务成本"

  C."管理费用"   D."销售费用"

7.某公司2016年年初所有者权益总额为1 360万元，当年实现净利润450万元，提取盈余公积45万元，向投资者分配现金股利200万元，本年内以资本公积转增资本50万元，投资者追加现金投资30万元。该公司年末所有者权益总额为（   ）万元。

    A.1 565   B.1 595   C.1 640   D.1 795

8.企业发生的下列各项中，应计入利润表"管理费用"项目的是（   ）。

    A.筹建期间的开办费（未形成资产的部分）

    B.预计产品质量保证损失

    C.生产车间管理人员工资

    D.专设销售机构的固定资产修理费

9.某股份有限公司2015年1月1日发行3年期、每年1月1日付息、到期一次还本的公司债券，面值为200万元，票面利率为5%，实际利率为6%，发行价格为194.65万元，假定不考虑发行费用，按实际利率法确认利息费用。该债券2016年度确认的利息费用为（   ）万元。

    A.11.78   B.12   C.10   D.11.68

10.下列各项中，会引起现金流量净额发生变动的是（   ）。

    A.将现金存入银行   B.用银行存款购买2个月到期的债券

    C.用固定资产抵偿债务   D.用银行存款清偿30万元的债务

二、多项选择题（每题有两个或两个以上正确答案，请将正确答案填在括号内；每小题2分，共20分）

1.企业提取的下列费用中，属于职工薪酬范围的有（   ）。

    A.社会保险费   B.住房公积金   C.工会经费   D.职工教育经费

2.下列各项，不会引起所有者权益总额变化的有（   ）。

    A.以资本公积转增资本   B.增发新股

    C.向股东支付已宣告分派的现金股利   D.以盈余公积弥补亏损

3.下列各项中，关于收入确认表述不正确的有（   ）。

    A.采用预收货款方式销售商品，应在收到货款时确认收入

    B.采用视同买断委托代销方式销售商品，应在发出商品时确认收入

    C.采用交款提货方式销售商品，应在开出发票收到货款时确认收入

    D.采用支付手续费委托代销方式销售商品，应在发出商品时确认收入

4.工业企业下列活动形成的经济利益流入中，确认收入的有（   ）。

    A.销售产成品   B.销售半成品   C.销售原材料   D.销售固定资产

5.一般纳税企业缴纳增值税时，不通过"应交税费——应交增值税（已交税金）"账户核算的有（   ）。

    A.预交增值税   B.简易计税

    C.转让金融商品应交增值税   D.代扣代缴增值税

6.下列各项中，可用于弥补企业亏损的有（   ）。

    A.法定盈余公积   B.任意盈余公积

    C.未分配利润   D.股本溢价

7.下列各项中，属于营业外支出核算内容的有（   ）。

    A.存货盘亏损失   B.固定资产盘亏损失

  C.转让无形资产净损失   D.罚款支出

8.下列项目中，不影响营业利润的有（ ）。

  A.原材料销售收入   B.转让股票所得收益

  C.出售固定资产净收益   D.所得税费用

9.下列各项中，不影响当期现金流量的有（ ）。

  A.计提固定资产折旧   B.发放股票股利

  C.摊销无形资产   D.以固定资产偿还债务

10.下列各项中，属于筹资活动产生的现金流量的是（ ）。

  A.处置固定资产收到的现金   B.吸收投资收到的现金

  C.分配股利支付的现金   D.借款收到的现金

三、判断题（正确的打"√"，错误的打"×"；每小题1分，共10分）

1.年度终了结账后，"利润分配"所属明细科目均可能留有余额。   （ ）

2.企业发生的销售折让应作为财务费用处理。   （ ）

3.企业宣告分配股票股利，在正式办理增资手续前，只需在备查簿中作相应登记，不需要作会计处理。   （ ）

4.企业发生的管理费用、销售费用、制造费用均属于期间费用。   （ ）

5.资产账面价值大于其计税基础或者负债账面价值小于其计税基础，产生可抵扣暂时性差异。   （ ）

6.采用"表结法"，月份终了无需将"损益类"科目结平，转入"本年利润"科目，年度终了时才进行结转；采用"账结法"，则于每月份终了就将"损益类"科目结平，转入"本年利润"科目。   （ ）

7.企业获得的政府补助直接计入当期营业外收入。   （ ）

8.企业计提的银行借款利息计入当期财务费用。   （ ）

9.企业发生的固定资产修理费应在发生时计入管理费用。   （ ）

10.所有者权益变动表能够反映所有者权益各组成部分当期增减变动情况，有助于报表使用者理解所有者权益增减变动的原因。   （ ）

四、不定项选择题（每题至少有一个正确答案，请将正确答案填在括号内；每小题2分，共10分）

  资料：甲、乙、丙、丁、戊公司均为增值税一般纳税人，适用的增值税税率为17%。2016年12月31日，甲公司资产负债表有关项目期末余额如下：货币资金项目18 500万元，应收账款项目3 600万元，预收款项项目800万元，应交税费项目100万元。甲公司12月份相关交易和事项如下：

  （1）3日，甲公司采用托收承付方式向乙公司销售商品一批，增值税专用发票上注明售价200万元，增值税税额34万元；该批商品的成本为120万元。双方签订合同时，甲公司得知乙公司资金流转暂时发生困难，但为了减少库存商品积压，仍将商品发出并办妥托收手续，同时纳税义务已发生。

  （2）15日，甲公司同丙公司签订销售协议，采用预收款方式向丙公司销售一批商品，实际成本为 900 万元。销售协议约定，售价为 1 200 万元，相关增值税税额为 204 万元，丙公司预付 60% 的货款，其余款项于 2017 年 3 月份结算。

（3）20 日，甲公司与丁公司签订委托代销协议，丁公司按照协议价的 5% 收取手续费，并直接从代销款中扣除。协议价款为 600 万元，实际成本为 460 万元。25 日，收到代销清单，已售出 50% 的商品，甲公司向丁公司开具增值税专用发票同时将扣除手续费的代销商品款存入银行。

（4）戊公司发生商品退回，退回商品部分的价款为 20 万元，增值税税额为 3.4 万元，成本为 12 万元，该批商品是 2016 年 10 月赊销给戊公司的，售价为 200 万元，增值税税额为 34 万元，已确认收入，款项尚未收到，甲公司向戊公司开具增值税红字专用发票，并收到戊公司带息商业承兑汇票，期限为 5 个月，用于抵偿其他款项。

要求：假定不考虑其他因素，分析回答下列（1）—（5）小题。（答案中的金额单位用万元表示）

（1）根据资料（1），下列选项中正确的有（　　）。

    A.主营业务成本 120 万元　　　　　　B.发出商品 120 万元

    C.应收账款 234 万元　　　　　　　　D.主营业收入 200 万元

（2）根据资料（2），15 日预收货款时下列选项中正确的有（　　）。

    A.借：银行存款　　　　　　　　　　　　　　　　　842.4

        贷：预收账款　　　　　　　　　　　　　　　　　842.4

    B.借：主营业成本　　　　　　　　　　　　　　　　540

        贷：库存商品　　　　　　　　　　　　　　　　　540

    C.借：银行存款　　　　　　　　　　　　　　　　　842.4

        贷：主营业收入　　　　　　　　　　　　　　　　720

          应交税费——应交增值税（销项税额）　　　122.4

    D.借：银行存款　　　　　　　　　　　　　　　　　720

        贷：预收账款　　　　　　　　　　　　　　　　　720

（3）根据资料（3），下列选项中正确的有（　　）。

    A.20 日发出商品，确认主营业务收入 600 万元

    B.25 日销售费用增加 15 万元

    C.25 日银行存款增加 336 万元

    D.20 日发出商品，确认应收账款 460 万元

（4）根据资料（4），下列选项中正确的有（　　）。

    A.库存商品增加 12 万元

    B.应收票据增加 210.6 万元

    C.冲减销售商品收入 20 万元

    D.应收账款减少 190.6 万元

（5）根据资料（1）到（4），资产负债表相关项目期末余额正确的有（　　）。

    A.应交税费 181.6 万元

    B.预收款项 1 520 万元

    C.货币资金 19 556 万元

D.应收账款3 400万元

五、计算及业务处理题（每小题10分，共30分，计算题要求列出计算过程）

1.华伟公司与甲公司签订了一份800万元的劳务合同，华伟公司为甲公司开发一套系统软件（以下简称项目）。2015年3月2日项目开发工作开始，预计2017年2月26日完成。预计完成开发该项目的总成本为720万元。其他有关资料如下：

（1）2015年3月20日，华伟公司预收甲公司支付的项目款350万元，并存入银行。

（2）2015年华伟公司为该项目实际发生劳务成本252万元。

（3）至2016年12月31日华伟公司为该项目累计实际发生劳务成本630万元。

（4）华伟公司在2015年、2016年年末均能对该项目的结果予以可靠估计。

假定华伟公司按累计已发生成本占预计总成本的比例确定完工程度。

要求：

（1）计算华伟公司2015年、2016年该项目的完工程度。

（2）计算华伟公司2015年、2016年该项目确认的收入和费用。

2.M公司2016年（以下简称当年）实现利润总额700万元，适用的所得税税率为25%。当年接到环保部门的通知，需要支付罚款9万元。M公司的纳税调整项目包括：业务招待费超支14万元；国债利息收入28万元；年初"预计负债——产品质量担保费"余额为30万元，当年实际计提产品质量担保费20万元，实际发生产品修理支出8万元。假定M公司除以上业务外没有其他纳税调整事项。

要求：

（1）计算M公司当年应交的所得税。

（2）计算M公司当年的递延所得税发生额。

（3）计算M公司当年利润表中的所得税费用，并做出M公司确认所得税费用的会计分录。

3.假定海星公司2016年年初未分配利润贷方余额500万元，取得主营业务收入6 000万元，其他业务收入1 200万元，投资收益1 500万元，营业外收入200万元；发生主营业务成本4 200万元，其他业务成本800万元，税金及附加180万元，销售费用850万元，管理费用650万元，财务费用260万元，营业外支出800万元。本企业适用的所得税税率为25%，本企业决定按净利润的10%提取法定盈余公积，按6%提取任意盈余公积，对外分派普通股现金股利100万元。

要求：

（1）假定没有纳税调整项目，做出计提所得税费用的会计分录。

（2）计算净利润并做出结转本年利润的会计分录。

（3）做出利润分配的会计分录。

（4）计算期末未分配利润并结转利润分配的会计分录 。

六、综合业务题（20分）

凯盛公司2016年12月31日的余额试算平衡表见附表-1。

附表-1

余额试算平衡表

2016年12月31日

单位：元

会计科目	期末余额	
	借方	贷方
库存现金	800	
银行存款	160 000	
应收账款	85 500	
坏账准备——应收账款		6 560
原材料	66 500	
库存商品	102 000	
存货跌价准备		1 240
固定资产	468 000	
累计折旧		3 350
固定资产清理		5 600
长期待摊费用	14 500	
应付账款		93 800
预收账款		10 000
长期借款		241 000
实收资本		500 700
盈余公积		4 500
利润分配		18 450
本年利润		12 100
合计	897 300	897 300

补充资料如下：

（1）长期待摊费用中含将于一年内摊销的金额8 000元。

（2）长期借款期末余额中将于一年内到期归还的长期借款数为100 000元。

（3）应收账款有关明细账期末余额情况为：

应收账款——A公司借方金额98 000元

应收账款——B公司贷方金额12 500元

（4）应付账款有关明细账期末余额情况为：

应付账款——C公司贷方金额98 000元

应付账款——D公司借方金额 4 200元

（5）预收账款有关明细账期末余额情况为：

预收账款——E公司贷方金额12 000元

预收账款——F公司借方余额2 000元

要求：请代凯盛公司完成资产负债表的空缺部分（见附表-2）。

附表-2   **资产负债表（简表）**

制表单位：凯盛公司   2016年12月31日   单位：元

资产	期初数	期末数	负债及所有者权益	期初数	期末数
流动资产：	略		流动负债：	略	
货币资金		160 800	应付账款		（6）
应收账款		（1）	预收款项		（7）
预付款项		4 200	一年内到期的非流动负债		（8）
存货		（2）	流动负债合计		（9）
一年内到期的非流动资产		（3）	非流动负债：		
流动资产合计		（4）	长期借款		（10）
非流动资产：			非流动负债合计		141 000
固定资产		464 650	负债合计		363 500
固定资产清理		-5 600	所有者权益：		
长期待摊费用		（5）	实收资本		500 700
非流动资产合计		465 550	盈余公积		4 500
			未分配利润		30 550
			所有者权益合计		535 750
资产总计		899 250	负债及所有者权益总计		899 250

企业财务会计（下）期末测试题（二）

题 号	一	二	三	四	五	六	总分
得 分							

一、单项选择题（每题只有一个正确答案，请将正确答案填在括号内；每小题1分，共10分）

1.下列关于应付票据的处理，说法不正确的是（   ）。

A.企业到期无法支付的银行承兑汇票，应按账面余额转入"短期借款"账户

B.企业支付的银行承兑汇票手续费，计入当期财务费用

C.企业到期无法支付的商业承兑汇票，应按账面余额转入"应付账款"账户

D.企业开出带息商业承兑汇票时，按照票据的面值和应计利息记入"应付票据"账户

2.预收账款情况不多的企业，可以不设置"预收账款"账户，而将预收的款项直接记入（   ）账户。

A."应收账款"　　　B."预付账款"　　　C."其他应收款"　　　D."应付账款"

3.甲公司向乙公司购买商品1 000件，商品价目单上标价为每件100元，乙公司给甲公司的商业折扣为20%，现金折扣付款条件为"2/10，1/15，N/30"，甲公司在购买后第12天付款，甲公司应付（   ）元（不考虑增值税）。

A.80 000　　　　B.78 000　　　　C.82 000　　　　D.79 200

4.某企业年初盈余公积余额为500万元，本年提取法定盈余公积200万元，提取任意盈余公积100万元，用盈余公积转增资本200万元，该企业盈余公积的年末余额为（   ）万元。

A.450　　　　B.500　　　　C.550　　　　D.600

5.某企业委托券商代理发行股票5 000万股，每股面值1元，每股发行价格6元。按发行价格的1%向券商支付发行费用，发行股票期间冻结的利息收入为50万元。该企业在收到股款时，应贷记"资本公积"账户的金额为（   ）万元。

A.24 650　　　　B.24 700　　　　C.24 750　　　　D.25 000

6.企业被没收的财产损失、支付的各项税收滞纳金和罚款在（   ）列支。

A.营业外支出　　　B.管理费用　　　C.其他业务成本　　　D.税后利润

7.在采用收取手续费委托代销方式下发出代销商品时，委托方确认商品销售收入的时点为（   ）。

A.委托方发出商品时　　　　　　　B.受托方销售商品时

C.委托方收到代销清单时　　　　　D.受托方收到受托代销商品的货款时

8.2016年1月1日，甲企业采用分期收款方式向乙企业销售大型商品一套，合同规定不含增值税的销售价格为900万元，分三次于每年12月31日等额收取，假定在现销方式

下，该商品不含增值税的销售价格为810万元。不考虑其他因素，甲公司2016年应确认的销售收入为（   ）万元。

    A.270   B.300   C.810   D.900

9.下列各项中，会引起企业所有者权益总额发生变化的有（   ）。

    A.接受投资者固定资产投资   B.资本公积转增资本

    C.提取法定盈余公积   D.盈余公积弥补亏损

10.下列各项中，不应作为现金流量表中经营活动产生的现金流量的是（   ）。

    A.销售商品收到的现金   B.支付给离退休人员的各项费用

    C.采购原材料支付的增值税   D.取得长期股权投资支付的款项

二、多项选择题（每题有两个或两个以上正确答案，请将正确答案填在括号内；每小题2分，共20分）

1.下列各项中，应计入其他应付款的有（   ）。

    A.应付经营租赁仓库的租金   B.应付购入原材料的价款

    C.应付租入包装物的租金   D.应付由职工负担的社会保险费

2.下列项目中，应计入应付职工薪酬的有（   ）。

    A.为职工支付的培训费

    B.为职工支付的养老保险费

    C.提前解除职工的劳动合同给予的补偿

    D.为职工进行健康检查而支付的体检费

3.企业城市维护建设税是以（   ）为计税依据征收的一种税。

    A.应交增值税   B.应交消费税   C.实缴增值税   D.实缴消费税

4.下列各项业务发生时，应计入管理费用的有（   ）。

    A.业务招待费   B.生产车间设备维修费

    C.辞退福利   D.诉讼费

5.企业采用完工百分比法确认提供劳务的营业收入时，其劳务的完工程度可以根据（   ）确定。

    A.收到的款项估计   B.专业的测量

    C.已提供劳务占提供劳务总量的比例   D.已经发生的成本占估计总成本的比例

6.企业弥补亏损的渠道有（   ）。

    A.用以后年度税前利润弥补，但弥补期限不得超过五年

    B.用以后年度税后利润弥补

    C.用资本公积弥补

    D.用盈余公积弥补

7.下列税费中，应列入利润表"税金及附加"项目的有（   ）。

    A.进口设备缴纳的进口关税

    B.销售原材料计提的城市维护建设税和教育费附加

    C.销售自产化妆品计算的应交消费税

    D.销售自产化妆品计算的应交增值税

8.下列各项,构成企业留存收益的有(　　　)。

A.资本公积　　　　B.盈余公积　　　　C.未分配利润　　　　D.应付利润

9.下列各项中,不影响当期营业外收入的项目有(　　　)。

A.结转无法支付的应付账款　　　　B.固定资产盘盈利得

C.处置固定资产产生的利得　　　　D.存货盘盈

10.下列项目中,属于现金流量表"支付给职工及为职工支付的现金"项目的有(　　　)。

A.支付给职工的差旅费　　　　B.支付给在建工程人员的职工薪酬

C.支付给车间管理人员的职工薪酬　　　　D.支付给生产工人的职工薪酬

三、判断题(正确的打"√",错误的打"×";每小题1分,共10分)

1.资产的账面价值大于其计税基础或者负债的账面价值小于其计税基础产生可抵扣暂时性差异。(　　　)

2.小规模纳税人购入货物收到增值税专用发票的,其支付的增值税额可以由销项税额抵扣。(　　　)

3.投资人投入的资本应全部计入实收资本。(　　　)

4.企业以盈余公积向投资者分配现金股利,不会引起留存收益总额的变动。(　　　)

5.企业用税前利润、税后利润补亏都不需要单独编制会计分录。(　　　)

6.企业向银行或者其他金融机构借入的各种款项所发生的利息均应计入财务费用。(　　　)

7.使用费收入应按照合同、协议的收款时间确认。如果合同、协议规定使用费一次性收取,且提供后期服务的,应视同该项资产的销售一次性确认收入。(　　　)

8.资产负债表是指反映企业一定会计期间经营成果的财务报表。(　　　)

9.采用预收款方式销售产品的情况下,应当在收到货款时确认收入的实现。(　　　)

10.捐赠利得应计入营业外收入。(　　　)

四、不定项选择题(每题至少有一个正确答案,请将正确答案填在括号内;每小题2分,共10分)

甲公司为增值税一般纳税人,2017年2月发生有关经济业务如下:

(1)当月实现销售商品收入160万元,应交增值税销项税额27.2万元,款项已经全部收到存入银行。本月预收货款50万元,已存入银行。该企业未单独设置"预收账款"科目。

(2)4日,购买一批原材料,其价款为30万元,增值税税额为5.1万元,以相应金额的银行汇票结算款项。12日,用银行存款支付购进建造仓库的工程物资款50万元,增值税税额为8.5万元。20日,按照合同用银行存款预付购买原材料款15万元。

(3)26日,以其生产的M产品10件作为福利发放给销售人员。该产品的成本为每件0.225万元,每件市场价格为0.3万元,与其计税价格一致。

(4)当月分配职工薪酬26万元。其中,生产工人工资12万元,奖金、津贴等薪酬3万元;在建工程人员工资5万元,奖金、津贴等薪酬1万元;行政管理人员工资4万元,奖金、津贴等薪酬1万元。当月职工工资21万元已发放。

　　要求：根据上述资料，不考虑其他相关因素，分析回答下列（1）—（5）小题（答案中的金额单位用万元表示）。

　　（1）根据资料（1），下列各项关于甲公司的会计处理结果正确的有（　　　）。

　　　　A．"银行存款"科目借方增加210万元

　　　　B．资产负债表"预收款项"项目增加50万元

　　　　C．"主营业务收入"科目贷方增加210万元

　　　　D．"应收账款"科目贷方增加50万元

　　（2）根据资料（2），下列各项关于甲公司的会计处理结果正确的有（　　　）。

　　　　A．应收票据减少30万元

　　　　B．其他货币资金减少35.1万元

　　　　C．预付账款增加15万元

　　　　D．购进工程物资成本为58.5万元

　　（3）根据资料（3），下列各项关于甲企业发放职工福利的会计处理正确的有（　　　）。

　　　　A．发放M产品时：

　　　　借：销售费用　　　　　　　　　　　　　　　　　　　　　　　　3.51

　　　　　　贷：主营业务收入　　　　　　　　　　　　　　　　　　　　　　3

　　　　　　　　应交税费——应交增值税（销项税额）　　　　　　　　　0.51

　　　　B．发放M产品结转成本时：

　　　　借：主营业务成本　　　　　　　　　　　　　　　　　　　　　　2.25

　　　　　　贷：库存商品　　　　　　　　　　　　　　　　　　　　　　　2.25

　　　　C．确认非货币性职工薪酬时：

　　　　借：销售费用　　　　　　　　　　　　　　　　　　　　　　　　3.51

　　　　　　贷：应付职工薪酬　　　　　　　　　　　　　　　　　　　　　3.51

　　　　D．发放M产品确认收入时：

　　　　借：应付职工薪酬　　　　　　　　　　　　　　　　　　　　　　3.51

　　　　　　贷：主营业务收入　　　　　　　　　　　　　　　　　　　　　　3

　　　　　　　　应交税费——应交增值税（销项税额）　　　　　　　　　0.51

　　（4）根据资料（4），下列各项关于甲公司职工薪酬的会计处理结果正确的有（　　　）。

　　　　A．计入生产成本的职工薪酬总额为12万元

　　　　B．计入在建工程的职工薪酬总额为6万元

　　　　C．计入生产成本的职工薪酬总额为15万元

　　　　D．计入管理费用的职工薪酬总额为5万元

　　（5）根据资料（1）至资料（4），甲公司2017年2月现金流量表项目计算结果正确的有（　　　）。

　　　　A．销售商品、提供劳务收到的现金为237.2万元

　　　　B．投资支付的现金为100.3万元

　　　　C．支付给职工以及为职工支付的现金为16万元

　　　　D．购买商品、接受劳务支付的现金为50.1万元

五、计算及业务处理题（共24分）

1.（6分）艾丽公司2016年6月10日从凯盛公司购入甲材料一批，价款40万元，增值税税率17%，商品当日验收入库；付款条件为"2/10，1/30，N/60"。假定该公司于6月20日付款。

要求：编制艾丽公司上述业务的会计分录。

2.（10分）A企业为增值税一般纳税人，适用的增值税税率为17%。2016年1月1日与B企业签订一项销售合同，合同规定采用预收款方式销售商品一批，总价款为120万元，分四期收取货款，每期货款于每季度的最后一天通过银行收取，最后一次收取增值税。2016年12月31日收取最后一期款项，并发出商品，该批商品的总成本为100万元。

要求：编制上述经济业务的会计分录（"应交税费"须写出明细）。

3.（8分）艾丽制衣有限公司2016年实现净利润100万元，按规定从税后利润中提取10%的法定盈余公积，并根据股东大会决议，提取任意盈余公积3万元，分派普通股现金股利20万元。

要求：编制上述经济业务的会计分录。

六、综合业务题（26分）

1. （8分）2016年12月31日华伟公司有关账户结转前余额见附表-3：

附表-3　　　　　　　　2016年12月31日华伟公司有关账户结转前余额　　　　　　单位：元

科　目	金　额	方　向
主营业务收入	1 500 000	贷
其他业务收入	300 000	贷
营业外收入	250 000	贷
投资收益	20 000	借
主营业务成本	1 000 000	借
销售费用	200 000	借
税金及附加	100 000	借
其他业务成本	200 000	借
营业外支出	10 000	借
管理费用	50 000	借
财务费用	30 000	借
资产减值损失	80 000	借
公允价值变动损益	10 000	贷

要求：

（1）列式计算12月份营业利润及利润总额。

（2）假定没有纳税调整项目，列式计算12月份所得税费用和净利润。

2.（8分）甲公司2016年12月31日结账后有关科目余额见附表-4。

附表-4　　　　　　　　　　　有关科目余额　　　　　　　　　　单位：万元

科目名称	借方余额	贷方余额
应收账款	600	40
坏账准备——应收账款		80
预收账款	100	800
应付账款	20	400
预付账款	320	60

要求：根据上述资料，计算资产负债表中下列项目的金额：（1）应收账款；（2）预付款项；（3）应付账款；（4）预收款项。

3.（10分）艾丽制衣公司2016年递延所得税资产和递延所得税负债均不存在期初余额，适用的所得税税率为25%。2016年发生的有关交易和事项中，会计处理与税法规定存在差别的有：

（1）2016年1月开始计提折旧的一项固定资产，取得成本为1 500万元，使用年限为10年，净残值为0，会计上按双倍余额递减法计提折旧，税收上按年限平均法计提折旧。假定税法规定的使用年限及净残值与会计规定相同。

（2）当年取得作为交易性金融资产核算的股票投资成本为900万元，12月31日公允价值为1 300万元。

（3）年末持有的存货成本为2 060万元，考虑市价下跌的情况，计提了60万元的存货跌价准备。

（4）年末计提产品保修费300万元，计入销售费用。

要求：完成附表-5，并计算艾丽制衣公司2016年度的递延所得税金额。

附表-5　　　　　　　　会计处理与税法规定存在的差异　　　　　　　单位：万元

项　目	账面价值	计税基础	差异	
			应纳税暂时性差异	可抵扣暂时性差异
交易性金融资产				
存　货				
固定资产				
预计负债				
总　计	—			

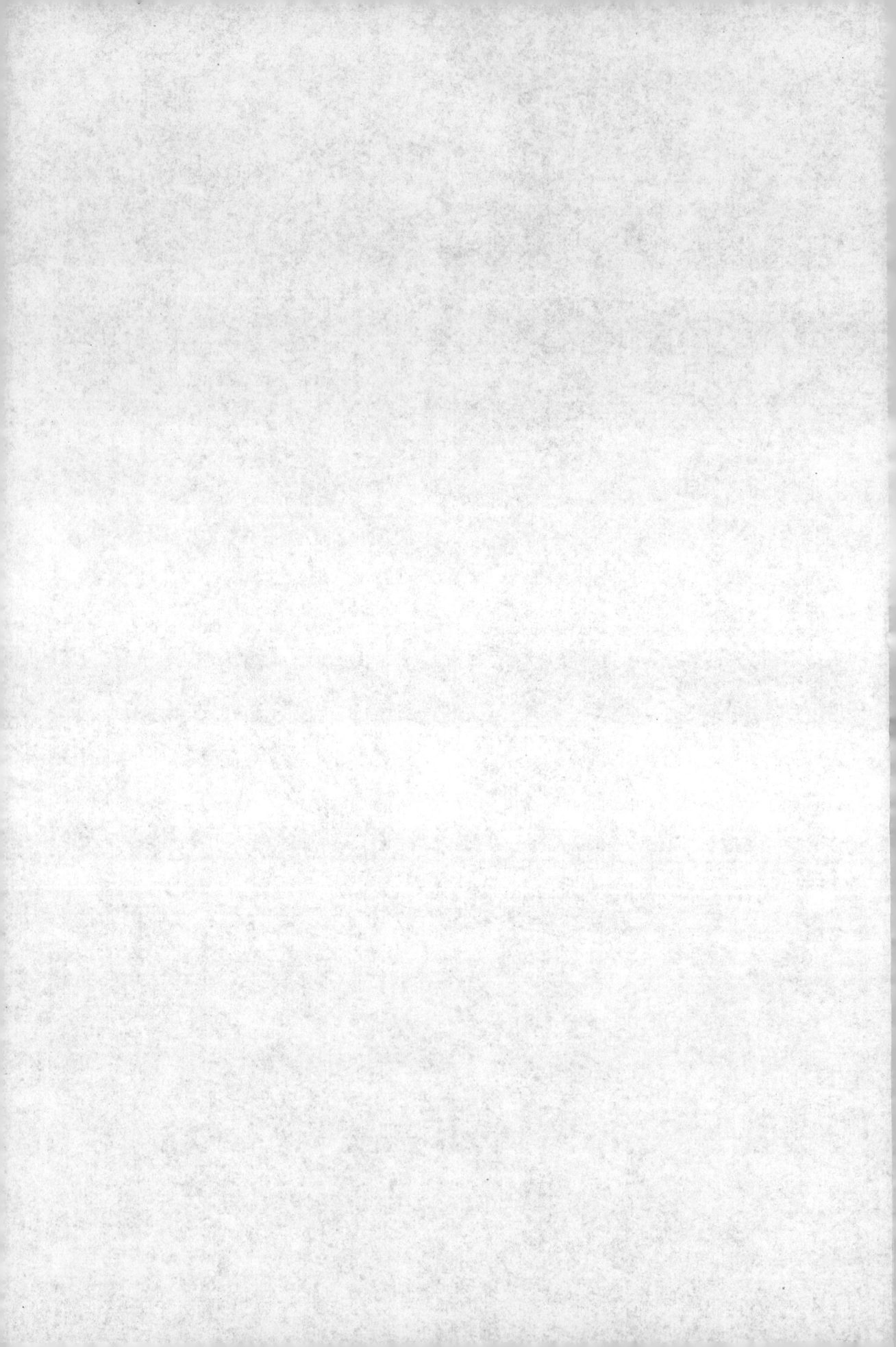